Mystik
in Geschichte und Gegenwart

Texte und Untersuchungen

Abteilung I

Christliche Mystik

Herausgegeben von Margot Schmidt
und Helmut Riedlinger

Band 7

frommann-holzboog

»Minnichlichiu gotes erkennusse«

Studien zur frühen abendländischen Mystiktradition
Heidelberger Mystiksymposium
vom 16. Januar 1989

Herausgegeben von
Dietrich Schmidtke

Stuttgart-Bad Cannstatt 1990

CIP-Titelaufnahme der Deutschen Bibliothek

»Minnichlichiu gotes erkennusse«:
Studien zur frühen abendländischen Mystiktradition/
Heidelberger Mystiksymposium vom 16. Januar 1989.
Hrsg. von Dietrich Schmidtke. –
Stuttgart-Bad Cannstatt : frommann-holzboog, 1990
(Mystik in Geschichte und Gegenwart : Abt. 1, Christliche Mystik ; Bd. 7)
ISBN 3-7728-1350-X
NE: Schmidtke, Dietrich [Hrsg.]; Mystiksymposium ⟨1989, Heidelberg⟩;
Mystik in Geschichte und Gegenwart / 01

© Friedrich Frommann Verlag · Günther Holzboog
Stuttgart-Bad Cannstatt 1990
Druck: Proff, Starnberg
Einband: G. Lachenmaier, Reutlingen
Gedruckt auf säurefreiem, alterungsbeständigem Papier

Inhalt

Einleitung

Dietrich Schmidtke (Heidelberg)

Omnia tempus habent. Der Zeitgeist, der lange neuaufklärerisch geprägt war, gestattet es wieder, über bislang als Produkte »überschwenglichen Denkens« (Kant) abgewertete geistige Traditionen zu sprechen. Mag diese neue Offenheit grundsätzlich auch Gefahren bergen, so bietet sie aber auch die Chance, Traditionen der Vergangenheit besser zu verstehen. Das gilt freilich nur dann, wenn man sich diesen Traditionen ohne Blick auf heutige Verwertbarkeit und ohne ausgeprägte apologetische Interessen nähert.

Der vorliegende Sammelband enthält hauptsächlich Vorträge, die auf dem ›Heidelberger Mystiksymposion‹ am 16. Januar 1989 gehalten wurden. Bedauerlicherweise standen zwei der sechs Vorträge des Symposiums nicht zur Publikation zur Verfügung. Es handelt sich dabei einmal um den Vortrag von Friedrich Ohly/Münster über ›Metaphern für die Sündenstufen und die Gegenwirkungen der Gnade‹. Dieser Vortrag führte thematisch zwar ein wenig vom Thema Mystik ab, ist aber auch für die Mystikforschung von großer Bedeutung durch den Nachweis, daß in Metaphern für menschliche Grundbefindlichkeiten sich Auffassungen niederschlagen können, die von gleichzeitigen Begriffsdefinitionen abweichen. In erheblich umfänglicherer Fassung, doch unter gleichem Titel, wird F. Ohlys Untersuchung im Frühjahr 1990 in Buchform erscheinen (Rheinisch-Westfälische Akademie der Wissenschaften. Vorträge. Geisteswissenschaften: Opladen, ca. 150 Seiten). Sie ist übrigens ein Seitensproß von Ohlys Arbeit an der Kommentierung des ›St. Trudperter Hohen Liedes‹. Dem Kommentar darf die Forschung mit Spannung entgegensehen. Während man also die Ausführungen Ohlys bald an anderer Stelle wird nachlesen können, gilt dies bedauerlicherweise nicht für den zweistündigen Vortrag von Kurt Flasch ›Der Gott Meister Eckharts‹, der den Abschluß des Heidelberger Mystiksymposions bildete. Über die Art und Weise, in der Kurt Flasch Meister Eckhart interpretiert, kann man sich gewiß aus seinen einschlägigen Publikationen[1] eine deutliche Vorstellung bilden, doch setzte K. Flasch in seinem Vortrag einige neue Akzente. Er hob

---

1 Kurt Flasch, *Die Intention Meister Eckharts*, in: *Sprache und Begriff*. Festschrift für Bruno Liebrucks, hrsg. von Heinz Röttges u.a., Meisenheim am Glan 1974, 292-318; Kurt Flasch, *Meister Eckhart - Versuch, ihn aus dem mystischen Strom zu retten*, in: *Gnosis und Mystik in der Geschichte der Philosophie*, hrsg. von Peter Koslowski, Zürich/München 1988, 94-110; zum vertieften Verständnis seiner Position empfahl Flasch in seinem Vortrag besonders die Einleitungen zu den Bänden 1 und 3 seiner Edition der *Opera omnia* des Dietrich von Freiberg, 4 Bde., Hamburg 1977-1985.

dabei besonders die auch politische Bedeutung von Eckharts nichthierarchischem Gottesbild (» ein neuer Gott für eine neue Gemeinde«) hervor.

Daß der Vortrag von K. Flasch fehlt, ist nicht nur des Eigenwertes dieses
Vortrages wegen bedauerlich, sondern auch deshalb, weil durch das Fehlen
einer Meister-Eckhart-Arbeit die Grundkonzeption des Heidelberger Mystiksymposions nicht mehr deutlich erkennbar ist. Bei der Themenwahl für
dieses Symposion wurde nicht dem Prinzip: ›Von jedem etwas‹ gehuldigt.
Ausgeklammert waren die bedeutenden Meister-Eckhart-Schüler Johannes
Tauler und Heinrich Seuse. Nicht eingegangen wurde auch auf die mystische
Literatur des 15. Jahrhunderts, obgleich diese noch viel Forschungsneuland
bietet. Pars pro toto sei hier nur auf den Hoheliedkommentar des Johannes
Kreutzer verwiesen, in dem ein Versuch zur Erneuerung der zisterziensischen
Mystik des 12. Jahrhunderts unternommen wird.[2] Alle diese Einschränkungen wurden vorgenommen, um eine Konzentration auf eine bestimmte Fragestellung zu ermöglichen. Die Konzeption läßt sich mit der Formel: ›Die
frühe abendländische Mystikkonzeption und Meister Eckhart‹ erfassen. Das
›und‹ vor Meister Eckhart war ich dabei im Anschluß an neuere Arbeiten,
vor allem an Arbeiten von K. Flasch, geneigt zu lesen im Sinne von ›im
Kontrast zu‹. K. Flasch interpretiert bekanntlich Meister Eckhart nicht als
Mystiker, sondern als metaphysischen Denker, als Philosophen des Christentums. Selbst wenn man das nicht voll akzeptiert und den Terminus Mystik
für Meister Eckhart beibehalten will, so schien mir doch die Hoffnung zu
bestehen, daß aus der Kontrastierung die Andersartigkeit Meister Eckharts
deutlich hervorgehen würde.

Durch den Fortfall des Meister-Eckhart-Beitrages reduziert sich die Thematik auf Arbeiten zur frühen abendländischen Mystiktradition. Auch das
scheint mir ein sinnvoller Themenumriß zu sein. Wenigstens bei Germanisten sind die Kenntnisse über die frühe abendländische Mystiktradition
nicht gerade stark verbreitet. Dabei gibt es genügend Anlaß, sich mit ihr
zu beschäftigen. In deutscher Sprache sind nämlich in Gestalt des ›St.
Trudperter Hohen Liedes‹ und in dem ›Fließenden Licht der Gottheit‹
der Mechthild von Magdeburg zwei Hauptwerke dieser Mystiktradition ge-

---

2 Zu Kreutzer und seinen leider noch nicht publizierten mystischen Schriften vgl. Florent Landmann, *Johannes Kreutzer aus Gebweiler (†1468) als Mystiker und Dichter geistlicher Lieder*, Archives de l'Eglise d'Alsace 21 (1954) 21-67; 24 (1957) 21-52
(mit Exzerpten); Dietrich Schmidtke, *Studien zur dingallegorischen Erbauungsliteratur. Am Beispiel der Gartenallegorie*, Tübingen 1982, 432-436; Volker Honemann,
Johannes Kreutzer, in: [2] VL 5 (1985) 358-363.

schrieben worden. In der Formel ›Die frühe abendländische Mystiktradition und Meister Eckhart‹ definierten sich die Bestandteile gegenseitig. Zur frühen abendländischen Mystiktradition gehören demnach alle Mystiktexte des Abendlandes vor Meister Eckhart. Im Kontrast zu Meister Eckhart treten sie zu einer gewissen Einheit zusammen. Benutzt man den Begriff: ›Die frühe abendländische Mystiktradition‹ absolut, so kann er mißverstanden werden. Es soll keineswegs die Einheitlichkeit der frühen mystischen Tradition oder auch nur die relative Einheitlichkeit behauptet werden. Als Alternative habe ich den Begriff ›Voreckhartische Mystiktradition‹ erwogen. Aber auch dieser ist mißverständlich. Man könnte darunter die Mystiktexte, die unmittelbar vor Meister Eckharts Auftreten entstanden, verstehen.

Nicht ganz ohne provokatorische Absicht habe ich während der Vorbereitungsarbeiten zum Heidelberger Mystiksymposion das Stichwort ›Erlebnismystik‹ zur Kennzeichnung der frühen abendländischen Mystiktradition ins Spiel gebracht. Obgleich dieser Begriff wenigstens als Bezeichnung für ekstatisch-visionäre Mystikformen durchaus als eingebürgert gelten darf, zeigen vor allem die Beiträge von Roswitha Wisniewski und Siegfried Ringler, daß mit diesem Begriff äußerst vorsichtig umgegangen werden muß. K. Flasch wies zudem in der Diskussion auf die Prägung des Erlebnisbegriffes durch Dilthey und die Lebensphilosophie um 1900 hin. (Ich dachte bei der Verwendung des Begriffes Erlebnismystik allerdings eher an die Betonung des Wertes der religiösen Erfahrung bei Bernhard von Clairvaux.)

Hinsichtlich des Mystikbegriffes sei noch daran erinnert, daß unter den behandelten Autorinnen und Autoren sich niemand befindet, der sich selbst als Mystikerin oder Mystiker bezeichnet hätte. Das gilt selbstverständlich auch für Meister Eckhart. Das besagt freilich nur, daß der Begriff Mystik damals noch kein Allgemeinbegriff war.

Der Begriff *mysticus* samt Ableitungen wurde im Mittelalter zunächst nur in zwei Spezialbedeutungen benutzt. Im Zusammenhang mit der Lehre vom geistigen Sinn der Hl. Schrift bedeutete er den tieferen, allegorischen Sinn. Ferner gab es den Begriff *mystica theologia* in einer Spezialtradition. ›*De mystica theologia*‹ war der Titel eines Werkes des christlichen Neuplatonikers Ps.-Dionysius Areopagita. Zur mystischen Theologie im Sinne des Dionysius hat K. Flasch nicht zu Unrecht angemerkt, daß diese »im umgangsprachlichen Sinn dieser Wörter weder mystisch ist noch Theologie (als autoritativ argumentierende Glaubens- oder Bibelwissenschaft) sondern plotinisch-proklische Philosophie der christlichen Mysterien.«[3] Der Begriff *theologia mystica* ist demgemäß im Hochmittelalter auf die seit dem 12. Jahrhundert reich fließende Kommentartradition zu Ps.-Dionysius Areopagita beschränkt gewesen. Die Umformung des Begriffes zu einem Allgemeinbegriff, der der heutigen umgangssprachlichen Verwendung nahekommt, erfolgte erst im Spätmittelalter. Derjenige, der die Umprägung vollzog, war, soweit ich sehe,[4] der Pariser Theologe und Philosoph Jean Gerson (1363-1429). Sein mystisches Hauptwerk, die Schrift ›*Theologia mystica*‹ (1. Ausgabe 1408)[5], wurde übrigens vor 1429 von einem oberrheinischen Autor, der Gerson auf dem Konstanzer Konzil kennengelernt hatte, in qualitätsvoller Weise ins Deutsche übersetzt.[6] Gerson stützt sich in seiner Schrift über die mystische Theologie, die allerdings noch von Ps.-Dionysius Areopagita ihren Ausgang nimmt, hauptsächlich auf die Vertreter des spekulativen Zweiges der affektiven Mystik, auf den Franziskaner Bonaventura, die Augustinerchorherren Hugo und Richard von St. Viktor, dann auch auf Bernhard von Clairvaux, hauptsächlich aber auf die Schrift des belgischen Kartäusers Hugo von Balma aus dem Ende des 13. Jahrhunderts ›*Viae Sion lugent*‹. Er ist übrigens der Meinung, daß alle mystischen Lehrer trotz der Abweichungen in der Terminologie im Grunde das Gleiche lehren. Um das behaupten zu können, mußte er freilich Jan van Ruusbroec und natürlich auch Meister Eckhart als häretisch ausgrenzen.

Angesichts der Neigung von katholischen Theologen (Heribert Fischer, Ludwig Hödl) und von Philosophiehistorikern (Kurt Flasch u.a.), den Begriff Mystik als germanistische Konstruktion zu behandeln, sei auch die Schlußfolgerung aus dem eben Ausgeführten trotz ihrer Selbstverständlichkeit ausgesprochen: Der Begriff Mystik in der heute üblichen umgangssprachlichen Allgemeinbedeutung ist von einem führenden spätmittelalterlichen Theologen und Philosophen geprägt worden.

---

3 K. Flasch, *Meister Eckhart* (wie Anm.1) 98.

4 Der einflußreiche, vielfach unter dem Namen Bonaventuras publizierte Traktat *Viae Sion lugent* des Hugo von Balma führt in den Editionen und Überlieferungen teilweise den Titel *Theologia mystica*. Sollte sich dieser als Originaltitel erweisen, so müßte man Hugo von Balma eine wichtige Mittlerfunktion bei der Überführung des Begriffes aus der Kommentartradition in den Allgemeingebrauch zuschreiben. Zu Hugo von Balma vgl. Werner Höver, *Hugo von Balma*, in [2] VL 4(1983) 225f.

5 André Combes (Ed.) *Joannis Carlerii de Gerson De mystica theologia*, Lucani o. J. (1957).

6 G. Schuch, *De mystica theologia deutsch. Gersons mystische Theologie. Eine deutsche Übersetzung aus dem 15. Jahrhundert*, Diss. Freiburg/Br. 1969.

Außer den verbliebenen vier Referaten des ›Heidelberger Mystiksymposions‹ (Kurt Ruh, Roswitha Wisniewski, Margot Schmidt, Siegfried Ringler) enthält der Sammelband eine thematisch dazu passende Arbeit von Irene Berkenbusch.

Der Vortrag von Kurt Ruh ›Die Hoheliederklärungen Bernhards von Clairvaux und Wilhelms von St. Thierry‹ basiert inhaltlich auf den entsprechenden Kapiteln in dem demnächst erscheinenden ersten Band von Ruhs Geschichte der Mystik. Das Neue an der sehr konzentrierten Untersuchung liegt in der Zuspitzung auf den Vergleich der beiden Zisterziensermystiker Bernhard von Clairvaux und Wilhelm von St. Thierry. In den Hoheliedpredigten Bernhards von Clairvaux zeigt sich nach K. Ruh das Durchbrechen einer grundsätzlichen Schranke zwischen Theologie und Spiritualität, Bernhard gibt in den Predigten »jederzeit sich selbst und ganz«. Der Sprechmodus des Wilhelm von St. Thierry ist unpersönlicher, dafür ist dieser in der Interpretation der *unio mystica* teilweise kühner als Bernhard. Zwar benutzt er, wenn er als rationaler Theologe spricht, wie Bernhard die dogmatisch unbedenkliche Formel von der Willenskonformität, doch wo er emphatischer spricht, nähert er sich der Vorstellung von der Wesenseinung (*unitas substantiae*) von Seele und Gott. Es sei hierzu daran erinnert, daß Meister Eckhart in seiner ›*Rechtfertigungsschrift*‹ zur Erklärung und Entschuldigung auf die von ihm benutzte *locutio emphatica* verweist.

Roswitha Wisniewski, die sich schon 1953 in ihrer Dissertation mit dem ›*St. Trudperter Hohen Lied*‹ beschäftigt hat,[7] hebt in ihrer prononcierten Untersuchung ›Die unio mystica im St. Trudperter Hohen Lied‹ die trinitarisch orientierte Bildtheologie des Textes hervor in der Absicht, dieses bedeutende frühe Zeugnis mystischer Literatur in Deutschland dem Bereich ekstatisch-visionärer Erlebnismystik zu entrücken. In ihrer Tendenz zur Relativierung der subjektiven Seite der Unioerfahrung im ›*St. Trudperter Hohen Lied*‹ zeigen ihre Ausführungen eine gewisse Affinität zu Küsters' Arbeit zum ›*St. Trudperter Hohen Lied*‹ aus dem Jahre 1985.[8] Dieser geht sogar so weit zu behaupten, daß die in der *unio mystica* gebotene Glücksmöglichkeit im ›*St. Trudperter Hohen Lied*‹ letztlich als unzulänglich, ja illusionär

---

7 Roswitha Wisniewski, *Versuch einer Einordnung des St. Trudperter Hohen Liedes in die Theologie und Philosophie seiner Zeit*, Diss. Freie Universität Berlin 1953 (masch.).

8 Urban Küsters, *Der verschlossene Garten*. Volkssprachliche Hohelied-Auslegung und monastische Lebensform im 12. Jahrhundert, Düsseldorf 1985.

entlarvt wird.[9] Die Stichwörter, die R. Wisniewski zur Kennzeichnung der
Geistigkeit des ›St. Trudperter Hohen Liedes‹ benutzt, lauten »verein-
fachter Augustinismus« und »frühscholastische Rationalität«. Entschieden
augustinische Prägung des Textes läßt sich, so sei hinzugefügt, auch im Bereich der Prädestinations-[10] und Gnadenlehre beobachten.

   Irene Berkenbusch arbeitet an einer Dissertation über die mittelniederländische Übersetzung des ›Speculum Virginum‹ aus dem 14. Jahrhundert, die
in einer Überlieferung auch ins Ripuarische gewandert ist. In ihrem Aufsatz
›Mystik und Askese - St. Trudperter Hohes Lied und Speculum Virginum
im Vergleich‹ übernimmt die in der lateinischen Fassung aus dem 12. Jahrhundert stammende erbauliche Nonnenlehre ›Speculum Virginum‹ die Rolle
des im 12. Jahrhundert Normalen. Die Andersartigkeit, ja die Gewagtheit
des ›St. Trudeperter Hohen Liedes‹ im Zeitkontext tritt dabei deutlich zu-
tage.

   Zum ›St. Trudperter Hohen Lied‹ sei mir eine philologische Seitenbemer-
kung gestattet. Mir scheint, die Forschung hätte niemals von Wilhelm Sche-
rers Auffassung abgehen sollen, daß das Werk für ein Publikum im »bayerischen« Bereich bestimmt war.[11] Unter dem Begriff Bayern muß man hier
wohl den Gesamtbereich des alten Herzogtums Bayern einschließlich von
Kärnten, der Steiermark und der 1156 endgültig abgeteilten Mark Öster-
reich verstehen. An einer Stelle des ›St. Trudperter Hohen Liedes‹ werden
Lehrer genannt, die das Fundament mittelalterlichen Christentums und seiner Institutionen gelegt haben: Gregor, Augustinus, Benedikt, Hieronymus,
Martin, Rupert. Zu Rupert, der um 700 wirkte und erster Bischof von
Salzburg war, heißt es: »do wart durch sanctum ruoppertum alliu paige-
riskiu herscaf becheret.«[12] Der Autor des ›St. Trudperter Hohen Liedes‹
neigt keineswegs zu belanglosen Abschweifungen. Die Anführung Ruperts
in der Gesellschaft weit bedeutenderer Gestalten hat demgemäß Aussage-
wert. Gewiß kann nicht ausgeschlossen werden, daß der Hinweis auf Ru-

---

9 Kritik an Küsters übt zu diesem Punkt Gisela Vollmann-Profe in ihrer Rezension in:
   AfdA 99 (1988) 188-193, spez. 191-193.

10 Vgl. Hermann Menhardt (Ed.), Das St. Trudperter Hohe Lied, 2 Bde, Halle/S. 1934,
   131,29-32.

11 Zur Entwicklung der Lokalisierungsdiskussion siehe Gustav Ehrismann, Geschichte
   der deutschen Literatur bis zum Ausgang des Mittelalters, 2. Teil, 1. Abschnitt, 1922
   (Nachdruck München 1959) 30.

12 H. Menhardt (wie Anm.10) Bd. 2, 83,20f.

pert erst nach dem Archetyp - etwa in der bairischen Zwischenstufe des 12. Jahrhunderts, die nach Menhardt auf das alemannische Original folgte[13] - in den Text aufgenommen wurde. Es widerspricht aber philologischer Vernunft, den einzigen für den Entstehungsraum aufschlußreichen Hinweis eines Textes ohne zwingenden Grund für sekundär zu erklären. Selbst wenn im Archetyp, wie von Menhardt und anderen behauptet wurde, alemannische Sprachelemente vorhanden gewesen sind, so schließt das nicht aus, daß der Text von einem Autor, der im alemannischen Raum das Schreiben gelernt hat oder daher stammte, im bairischen Raum für ein bairisches Publikum geschrieben wurde. Es sind auch eindeutige Beweise für starke Bearbeitungs- und Ergänzungsvorgänge in der frühen Überlieferung des ›St. Trudperter Hohen Liedes‹ nicht beizubringen. Zu erwägen wäre sogar, ob man der Rupertstelle nicht vielleicht eine noch engere räumliche Festlegung als nur auf den Raum des alten Herzogtums Bayern entnehmen kann. Es ist zumindest nicht ganz unwahrscheinlich, daß die auf Salzburg verweisende Nennung Ruperts im engeren Herrschaftsgebiet der Erzbischöfe von Salzburg näher lag als in Gebieten, die nicht der Landeshoheit des Erzbischofs unterstanden. Freilich hat dieses Argument nur begrenzten Wert. Die rasche Verbreitung des im »bayerischen« Raum entstandenen ›St. Trudperter Hohen Liedes‹ nach Westen erklärt am besten Küsters' Annahme, daß der Text für ein Kloster bestimmt war, das in Reformbewegungen/Reformkongregationen eingebunden war.

Margot Schmidt, Germanistin und Theologin zugleich und mit ihrem Gegenstand Mechthild von Magdeburg aufgrund von jahrelanger Beschäftigung innigst vertraut, sucht in ihrem Beitrag ›Versinnlichte Transzendenz bei Mechthild von Magdeburg‹ auf dem Weg über Mechthilds Bildlichkeit einen Zugang zu Mechthilds Geistigkeit. Sie macht deutlich, daß kühnes spekulatives Denken sich ganz im Gewand ererbter Bildlichkeit darbieten kann. Dabei setzt sie den Grad der Bewußtheit bei der Bildverwendung als hoch an. Man vergleiche dazu ›Das fließende Licht der Gottheit‹ IV,13.[14] Unter der Überschrift ›Die schrift dis buoches ist gesehen, gehoeret unde bevunden an allen lidern‹ heißt es dort: »Ich enkan noch mag nit schriben, ich sehe es mit den ovgen miner sele und hoere es mit den oren mines ewigen geistes und bevinde es in allen liden mines lichamen die kraft des heiligen geistes.«

---

13 Vgl. das Stemma bei Menhardt (wie Anm. 10) Bd. 2, S. V.

14 Gall Morel (Ed.), *Offenbarungen der Schwester Mechthild von Magdeburg, oder das fließende Licht der Gottheit*, Regensburg 1869, 107.

Siegfried Ringler handelt in seinem Beitrag ›Gnadenviten aus süddeutschen Frauenklöstern des 14. Jahrhunderts - Vitenschreibung als mystische
Lehre‹ über Texte, die schon unter dem Schatten Meister Eckharts entstanden sind, die aber in ihren Gestaltungsmitteln und weitgehend auch in ihren Anschauungen in einer älteren, bis ca. 1230 zurückreichenden Tradition
visionär-ekstatischer Frauenmystik stehen. Einen leider etwas skizzenhaf-
ten Gesamtüberblick über diese Literatur hat erstmals 1988 Ursula Peters
in ihrer Arbeit ›Religiöse Erfahrung als literarisches Faktum. Zur Vorge-
schichte und Genese frauenmystischer Texte des 13. und 14. Jahrhunderts ‹
geboten.[15] S. Ringler versteht seine Texte als Teil eines Diskurses über neue
Formen der Gotteserfahrung, »eines Diskurses, an dem die Nonnen aktiv
beteiligt waren.«

Aufgrund des Charakters der monographischen Beiträge dieses Sammel-
bandes, vor allem aber aufgrund des Forschungsstandes ist es unmöglich,
eine zusammenfassende Charakterisierung oder gar Gliederung der frühen
abendländischen Mystiktradition zu bieten. Immerhin gibt es in einigen
Beiträgen nützliche Querverweise. Vom amor deficiens des Wilhelm von
St. Thierry und des Richard von St. Viktor schlägt zum Beispiel K. Ruh
einen Bogen zur gotzvrömdung der Mechthild von Magdeburg, M. Schmidt
dagegen weist von Mechthild zurück auf Bernhard von Clairvaux. Auch von
markanten Einzelfeststellungen der Beiträge kann man ausgehen und von
hier aus die anderen Denkmäler befragen. So stellt K. Ruh fest, daß sowohl
bei Bernhard als auch bei Wilhelm auf der höchsten Stufe der Liebe wie der
Gotteserkenntnis Liebe und Erkenntnis zusammenfallen. Analog wird im
›St. Trudperter Hohen Lied‹ die dritte, höchste Stufe der Gottesminne als
»uirnunstlichu minne« bezeichnet.[16] R. Wisniewski betont hinsichtlich des
›St. Trudperter Hohen Liedes‹, daß zwar von mystischer Visionsentrückung
gesprochen wird, aber keine Visionsinhalte wiedergegeben werden. Hierzu
mag auf folgende Feststellung von Ulrich Köpf verwiesen werden: »Bernhard kennt noch nicht die Visionen und Auditionen, die in der Mystik seit
dem 13. Jahrhundert eine so große Rolle spielen (vor allem in der Frauenmystik); die visionären Erlebnisse früherer Generationen und zeitgenössischer
Mystiker (zum Beispiel Hildegards von Bingen) haben in seiner Theolo-

---

15 Tübingen 1988.

16 H. Menhardt (wie Anm.10) 29,15. Zum gedanklichen Hintergrund vgl. den Abschnitt
›Amour et connaissance‹ bei Robert Javelet, Image et ressemblance au douzième siècle
de Saint Anselm à Alain de Lille, 2 Bde, 1967, Bd. 1, 427ff.

gie und Mystik keinen Niederschlag gefunden.«[17] Hier scheint sich einmal
eine Binnengliederung in der frühen abendländischen Mystiktradition anzudeuten. Die Beispiele mögen als Beweis dafür genügen, daß den Aufsätzen
Anregungen zum fruchtbaren Weiterarbeiten zu entnehmen sind.

Am ›Heidelberger Mystiksymposion‹ nahmen Forscher teil, deren In-
terpretationshaltungen gegenüber mystischen Texten sich teilweise extrem
unterschieden. Margot Schmidt ließ in ihrem Vortrag deutliche Identifikati-
onsbereitschaft mit dem, worüber sie handelte, erkennen. Dagegen sprach
K. Flasch von einer ethnologischen Exkursion. Die Ethnologie, auf die er
sich mit diesem Ausdruck bezog, ist natürlich nicht die trophäensammelnde
altertümliche Völkerkunde, sondern die strukturalistisch beeinflußte Ethnologie, die sich um den Nachvollzug der immanenten und auch expliziten
Logik fremder Welten bemüht. Erstaunlicherweise liefern beide Ansätze er-
hellende Ergebnisse. Ich erkläre mir das damit, daß in beiden Fällen das
für Erkennen Wesentliche, die Suspension des raschen Urteils, geleistet wird.

Die Einleitung sei abgeschlossen mit dem Hinweis auf ein Problem, das
häufig durch das Reden von Interdisziplinarität verdeckt wird. Es ist ein
Gemeinplatz, daß man sich mystischen Texten auf sehr unterschiedlichen
Wegen nähern kann. Man kann Methoden der vergleichenden Religionswis-
senschaft anwenden, man kann die Texte mit den Augen des Theologie- und
Frömmigkeitsgeschichtlers lesen, aber auch mit den Augen des Philosophie-
geschichtlers oder des Sozialhistorikers, man kann schließlich mit Kriterien
aus der freilich noch wenig entwickelten historischen Psychologie und Ver-
haltensforschung an sie herangehen und - last but not least - man kann
sich als Sprach- und Literaturwissenschaftler, als Philologe, diesen Texten
zuwenden.

Auf den ersten Blick mag es scheinen, daß eine Methode, die möglichst
viele Frageansätze integriert, dem komplexen Thema am ehesten gerecht
werden könnte. Mir scheint dies nicht nur aus praktischen Gründen problematisch. Gewiß muß jeder, der mystische Texte interpretieren will, Kenntnisse - und das heißt nach dem heutigen Forschungsstand: bedeutende
Kenntnisse - theologischer, philosophischer, historischer Art mitbringen.
Doch ist zu beachten, daß die verschiedenen Wissenschaftsdisziplinen ihren Gegenstand unterschiedlich konstituieren. Das sei an einem vergleichs-

17 Ulrich Köpf, *Hoheliedauslegung als Quelle einer Theologie der Mystik*, in: *Grundfragen christlicher Mystik*, hrsg. von Margot Schmidt in Zusammenarbeit mit Dieter R.
Bauer, Stuttgart-Bad Cannstatt 1986, 50-72, spez. 69 Anm. 84.

weise einfachen Beispiel verdeutlicht. Der Philosophiehistoriker K. Flasch
schreibt, Wertungen der Forschung referierend, aber ihnen offenbar zustimmend, über die bedeutendsten Schüler Meister Eckharts: »Seuse und Tauler konnte man nun (das heißt am Ende des 19. Jahrhunderts, Zusatz D.
Schmidtke) von Eckhart unterscheiden als resignative Abschwächer seiner
Idee, gebrochen vom päpstlichen Bannstrahl und gezeichnet vom Schwinden
des Vernunftvertrauens in einem von Schicksalsschlägen verwüsteten Jahrhundert, von Krieg, Hunger und Pest, von Zensur und Selbstzensur.«[18] Aus
der Sicht des Philosophiehistorikers ist dieses Urteil wohl nicht unberechtigt, doch ist dagegen aus der Sicht des Literaturhistorikers festzustellen,
daß die denkerisch wohl nicht sonderlich originellen Eckhartschüler als Literaten durchaus originell und innovativ waren. So stammt etwa von H. Seuse
die erste auf das Innenleben ausgerichtete Autobiographie oder Quasiautobiographie der deutschen Literatur.

Aus der angedeuteten Situation folgt meines Erachtens, daß die Erschlie
ßung der mystischen Literatur wohl noch auf längere Zeit über die Einzeldisziplinen erfolgen sollte und daß man sich zunächst einmal um die
Verständigung zwischen Nachbardisziplinen bemühen sollte. Auch die Germanistik sollte in die Diskussion darüber eintreten, worin, abgesehen von
der Klärung von Abhängigkeitsfragen, ihr spezifischer Beitrag zur Mystikforschung liegen könnte. Mir scheint, die Erschließung der Bildsprache mystischer Texte[19] und die Beschreibung des Stils mystischer Texte bilden
hier vordringliche Aufgaben. Etwa wäre nach dem schon von Bernhard von
Clairvaux geschlossenen Bündnis von Mystik und Rhetorik zu fragen, das
im Mittelalter dann vielfältig, besonders ausgeprägt im OEuvre H. Seuses, erneuert wurde. Ich fühlte mich freilich mißverstanden, wenn man aus
meinen Ausführungen herauslesen würde, ich plädierte dafür, die Einzelwissenschaften sollten sich ohne den mühseligen Umweg über die Erschließung
des geistigen Gehalts mystischer Texte ihren spezifischen Fragestellungen
zuwenden.

---

18 K. Flasch, *Meister Eckhart* (wie Anm.1) 103f.

19 Vgl. Michael Egerding, *Einsamkeit in der Deutschen Mystik*, in: *Spuren*. Festschrift
für Theo Schumacher, hrsg. von Heidrun Colberg/ Doris Petersen, Stuttgart 1986,
131-159, spez. 131: »Es gehört zu den Merkwürdigkeiten philosophie- und theologiegeschichtlichen Arbeitens, das Augenmerk fast ausschließlich nur auf Sachverhalte zu
richten, die begrifflich expliziert sind. Dadurch konnte es geschehen, daß Aspekte, die
zwar nicht auf der begrifflichen, sehr wohl jedoch auf der Bildebene eines Textes oft
in reichem Maße vorhanden sind, in der Forschung keine Beachtung fanden.«

Der Begrenztheit der zur Verfügung stehenden typographischen Möglich-
keiten wegen mußten einige Vereinfachungen in der Textwiedergabe vorgenommen werden. Als Mittel zur Heraushebung wird statt Sperrung Kursi-
vierung benutzt. Auf die Wiedergabe von Längenzeichen in mittelhochdeut-
schen Texten wird verzichtet, ebenfalls auf das e caudata-Häkchen. Überge-
schriebene Buchstaben werden in der Weise wiedergegeben, daß sie jeweils
auf den Buchstaben folgen, über dem sie in den Ausgaben oder Handschriften stehen.

All denen, die darin mitgewirkt haben, daß diese Publikation erscheinen
konnte, sei zum Abschluß summarisch, doch herzlich gedankt. Die Schreib-
arbeit auf Diskette für die EDV-Textverarbeitung verdanke ich Frau M.A.
Anke Gossen de Chávez, Eichstätt; die Erstellung des Personen- und Sach-
index Herrn Fabio Chávez Alvarez, Eichstätt. Die EDV-Textverarbeitung
verdanke ich Herrn Dipl.-Theol. Joachim Wasmer, Eichstätt. Nicht zuletzt
danke ich den Herausgebern der Reihe ›*Mystik in Geschichte und Gegenwart. Grundfragen christlicher Mystik*‹ für die Aufnahme in diese Reihe
und der Mitherausgeberin Margot Schmidt für die editorische Betreuung
des Bandes. Sie hat ihre Aufgabe im weiten Sinne aufgefaßt und dankens-
werterweise auch die Korrektur mitgelesen.

Heidelberg, im September 1989.   Dietrich Schmidtke

Die Hoheliederklärungen Bernhards von Clairvaux und Wilhelms von St. Thierry

Kurt Ruh (Würzburg)

Bernhards Hoheliedpredigten und Wilhelms Hoheliederklärung sind wie zwei Stämme aus einer Wurzel hervorgegangen. In seiner ›Sancti Bernhardi Vita‹ berichtet Wilhelm, daß Bernhard ihn, den Erkrankten und Entkräfteten, nach Clairvaux zur Genesung und Erholung kommen ließ und ihm dort Tag für Tag das Hohelied nach seinem moralisch-spirituellen Sinn erklärte.[1] Das war zwischen 1122 und 1124. Dazu stellt Verdeyen die interessante Hypothese auf, daß die beiden Freunde den Hoheliedkommentar des Origenes gemeinsam gelesen und erörtert hätten.[2] Das soll hier nicht diskutiert werden. Sicher aber ist, daß Bernhard nicht schlicht der Gebende und Wilhelm der Nehmende war, wie es die ›Vita‹ darstellt, die schon gattungsbedingt, nicht nur aus persönlicher Bescheidenheit die Person des Hagiographen zurückstellen mußte. Tatsache ist zudem, daß Wilhelm über eine genaue Kenntnis der ›Cantica‹-Schriften des Origenes (es sind Homilien und ein Kommentar) verfügte, Bernhard hingegen kaum; jedenfalls ist es nicht nachgewiesen.[3] Mir selbst drängt sich die Annahme auf, daß bei diesen Gesprächen der Entschluß gereift und später erneuert worden ist, daß beide einen Hoheliedkommentar verfassen wollten, jeder nach seiner Art und seinem Textverständnis. Es scheint jedenfalls nicht purer Zufall, sondern Vereinbarung zu sein, daß beide mit ihrer Auslegung im Jahre 1135 begannen. Wilhelm hatte soeben seine Abtwürde und -bürde in St. Thierry abgelegt und gewann als Zisterzienser-Mönch in Signy die langersehnte Muße eines beschaulichen und dem Studium ergebenen Lebens. Auf die ›Cantica‹-Exegese hatte er sich nach Gelehrtenart gründlich vorbereitet, indem er Auszüge aus den Kommentaren des Ambrosius und Gregors des Großen

---

1 S. Bernardi Vita prima I 59, PL 185/1, 259 B/C.

2 P. Verdeyen, La théologie mystique de Guillaume de Saint-Thierry, Ons Geestelijk Erf 51 (1977) 327-366 (I); 52 (1978) 152-178; 257-295 (II); 53 (1979) 129-220; 321-404 (III); hier I 330-333, III 399.

3 Zur Forschungslage s. L. Brésard, Bernard et Origène commentent le Cantique, Collectanea Cisterciensia 44 (1982) 111-130, 183-209, 293-308, hier 118. Brésard selbst sei zugestanden, daß Bernhards scharfe Ablehnung von Lehrsätzen des Origenes eine Faszination von dessen Cantica-Exegese nicht ausschließt (S. 112f.) und daß Parallelen zahlreich sind. Sie verstehen sich indessen von selbst, wo, wie es für beide Autoren in ungewöhnlicher Weise zutrifft, das Hohelied mit dem Gesamt der biblischen Schriften erklärt wird. Auch können Gemeinsamkeiten auf einen Vermittler, etwa Ambrosius (s. Anm.4) zurückgeführt werden.

herstellte.[4] Er wird dann die Kommentierung 1137 oder 1138 abbrechen, um gegen Abälard anzutreten, dessen erfolgreiches Wirken ihm als große Gefahr für den Glauben und die Kirche erschien. Später hat er die Arbeit nicht wieder aufgenommen. Die *Expositio* endet so fragmentarisch mit der Auslegung von HL 3,4. - Auch Bernhard war es nicht vergönnt, seinen Predigtzyklus zu vollenden, obschon er ihn bis zu seinem Tode (1153) fortführte. Und da stellen wir überrascht fest: Bernhard gelangte in seiner Erklärung genau wie sein älterer Freund bis zum Vers 3,4.

Bei diesen Gemeinsamkeiten der Werkgeschichte ist die Verschiedenheit der Kommentierung fast erstaunlich zu nennen. Ich bin zur Überzeugung gelangt, daß beide Auslegungen völlig unabhängig voneinander ausgearbeitet wurden. Mit andern Worten: Es fand, und dies auf Verabredung, kein gegenseitiger Austausch von einzelnen Kommentarteilen statt, kein Einblick in des andern Werkstatt, wie es sonst bei den beiden Freunden üblich war. So sind bei aller theologisch-spirituellen Gemeinsamkeit zwei völlig verschiedene Werke entstanden: verschieden - ich deute hier an, was ich nachher im Einzelnen ausführe - in der Werkgestalt, hier Predigten, dort Traktat; verschieden im Auslegungsmodus: hier die Bereitschaft zur Ausweitung der Thematik nach den verschiedensten Seiten hin, einer Thematik, die alles umschließt, was Bernhard überhaupt gedacht, erkannt, geschrieben hat, dort konzentrierte Geschlossenheit und Beschränkung auf das eine Thema: Christus und die liebende Seele; verschieden (um noch ein drittes zu nennen, das ich nachher aus Zeitgründen nicht näher ausführen kann) in Stil und Tenor: hier eine blühende biblische Rhetorik, die das Temperament, die Höhen und die Abgründe einer einzigartigen Persönlichkeit erkennen läßt, dort die Sprache glühenden Verlangens, einer metaphysischen Sehnsucht, die indes dem Intellekt und der Klarheit unterworfen bleibt.

Im Folgenden spreche ich zuerst von der Werkgestalt, sodann vom Grundverständnis der *Cantica* nach ihrem *sensus litteralis*, drittens von der Art der Kommentierung, viertens von der theologischen Doktrin, fünftens von der spezifisch mystischen Spiritualität.

1. Bernhard legte seine Hoheliederklärung in Ansprachen vor; Wilhelm bot sie in der traditionellen Kommentarform. Hier genügt es, die Predigtform zu würdigen.

---

4 Der *Commentarius* des Ambrosius, in: PL 15, 1947-2060, die *Excerpta ex libris St. Gregorii papae*, in: PL 180, 441-474.

Daß Bernhard diese Form wählte - die nur in den ›Cantica‹- Homilien des Origenes eine Parallele findet -, ist von überragender Bedeutung für die Geschichte der Hoheliedexegese wie für die Geschichte der Mystik. Der Predigt diente natürlich auch der Bibelkommentar, den man geradezu als homiletisches Hilfsmittel ansprechen kann. Die unmittelbare Umsetzung der Bibelerklärung in die Predigt, wie sie durch Bernhard Ereignis wurde, bedeutete das Durchbrechen einer grundsätzlichen Schranke, derjenigen zwischen Gelehrsamkeit und Seelenführung, zwischen Theologie und Spiritualität. Dabei hat die Spiritualität die volle Verbindlichkeit der theologischen Aussage bewahrt, was in der spirituellen Transformation eher selten der Fall ist, aber gerade für die herausragenden Werke mystischen Schrifttums gilt: Wie exakt sind die theologischen Vorstellungen der Hadewijch, aber auch der theologisch weniger geschulten Mechthild von Magdeburg! In Meister Eckharts deutschen Schriften versteht sich die Symbiose von Theologie und Spiritualität von selbst.

Noch wichtiger als diese Symbiose erscheint mir das geschichtliche Faktum, daß die Predigt die Form ist, die das Grundanliegen der mystischen Sprachwerdung am vollkommensten erfüllt. Bernhard muß dies erkannt haben wie später, im Bereich der Volkssprache, Meister Eckhart und Johannes Tauler. Die Predigt schlägt die unmittelbare Brücke zwischen Prediger und Hörer. Dabei zielt die mystische Rede nicht nur und nicht in erster Linie auf Lehre, Ermahnung, Erbauung ab, sondern erstrebt, teils bewußt, teils unbewußt, die Einheit von Prediger und Hörer, ja diese wird hermeneutisch vorausgesetzt. Das ist eine Leistung der Sprache. Bernhard weiß mit allen Mystikern, daß das menschliche Wort der Erfahrung göttlicher Liebe und der Gottesschau (in welcher Gestalt auch immer) nie adäquat sein kann: ›Glaubst du‹, so sagt er in der 85. Ansprache, »ich vermöchte auszusprechen, was unaussprechlich ist?« Dieses Wissen schließt indes das Bestreben nicht aus, ja evoziert es geradezu, die Sprache ihrer Uneigentlichkeit zu entreißen und sie der Wahrheit des Erfahrenen wenigstens anzunähern. Die mystische Sprache, so kann man auch sagen, ist ihrer Intention nach eine Metasprache, die das gesprochene Wort nicht zuletzt durch die stimmlichen Sprachelemente, Höhe und Tiefe, Wärme und Timbre der Stimme, Beschleunigung und Verlangsamung der Rede, Pause und Hast, wenigstens ahnungsweise zu vermitteln versucht, vielleicht der Musik vergleichbar, die ja auch eine Sprache ist, vielen unzugänglich, die indes der Empfängliche aus dem Geiste der Musik versteht.

Daß Bernhard ein charismatischer Redner gewesen ist, und zwar höchster Grade, ist vielfach bezeugt und auch mittels der überlieferten Texte zu erschließen. Er hat Herzen bewegt auch dann, wenn, etwa auf deutschem Boden, seine Worte nicht verstanden wurden. So die Chronik. Und der Abt Wibald schrieb in einem Brief: »Seine durch Strenge und Fasten ausgemergelte Gestalt, seine Blässe geben ihm gleichsam einen vergeistigten Aspekt, so sehr, daß der bloße Anblick dieses Mannes die Menschen überzeugte, bevor er den Mund auftat«.[5]

2. Im Unterschied zu den anderen Weisheitsbüchern des Alten Testaments ist die narrative Dimension der ›Cantica canticorum‹ nicht zu übersehen, und so ist auch der sensus litteralis bzw. historicus bei Bernhard wie bei Wilhelm im eigentlichen Sinne des Wortes grundlegend. Bernhard, der das Hohelied eine narratio nennt, setzt fast regelmäßig mit jedem neuen Vers mit der wörtlichen Auslegung ein. Wir verfolgen eine Liebesgeschichte, das Getrenntsein und das Schmachten der Liebenden, ihr Suchen und Finden, Versagen und Gewähren, ihre Vereinigung. Mit der Auslegung des sensus historicus geht Bernhard recht großzügig um - ohne indes willkürlich zu sein. Ein gutes Beispiel ist die Erklärung von 1,7 in den Predigten 34 und 35.[6]

Wenn Bernhard von einer Erzählung spricht, so Wilhelm von einem Drama (» in modum dramatis« 8,1). Der Unterschied mag geringfügig erscheinen, wenn man drama schlicht als ›Handlung‹ versteht. Allein Wilhelm denkt in der Tat an eine Inszenierung. »Dieses Lied ist in szenischem Stil geschrieben, sowohl was die Vergegenwärtigung von Personen und von Handlungen betrifft. Wie im Theater (in comediis) die verschiedenen Personen und Vorgänge vorgeführt werden, so treffen in diesem Lied Personen und Vorgänge zusammen« (8). Die Anregung zu dieser Sicht geht von Origenes aus, der von einem » nuptiale carmen, dramatis in modum« spricht, und ihm dürfte auch das griechisch- römische Theater noch unmittelbar gegenwärtig gewesen sein. Das traf für Wilhelm nicht zu, er hat indes den modus dramatis insofern verwirklicht, als er die seelische Bewegung in ihrem

---

5 PL 189, 1255.

6 Ich zitiere Bernhard nach den Opera, ed. J. Leclercq//C.H. Talbot/H.M. Rochais, vol. I,II, Rom 1957; in der deutschsprachigen Zitation bediene ich mich in kritischfreier Weise der Übertragung von M. Agnes Wolters, hrsg. durch P.E. Friedrich, Die Schriften des honigfließenden Lehrers Bernhard von Clairvaux, Bd.5-6, Wittlich 1937/38. - Wilhelms von St. Thierry Expositio benutzte ich nach der lateinisch-französischen Ausgabe von J.-M. Déchanet, Exposé sur le Cantique des cantiques (Sources Chrétiennes 82) Paris 1962.

Auf und Ab, in ihren Aufschwüngen und Abstürzen eindrucksvoll darzustellen wußte. Sie ist das eigentlich dynamische Element seiner Auslegung.

3. rede ich vom Modus der Auslegung. Hier möchte man für Bernhard und Wilhelm das Wölflinsche Begriffspaar offen-geschlossen zur Anwendung bringen. Die offene Form Bernhards ist schon durch die Predigtweise bedingt, aber entscheidend ist das ungemein bewegliche *ingenium* des Abtes. Ich möchte seine Art indes nicht mit assoziativem Denken verwechselt wissen. Bernhard ist niemals sprunghaft oder gar unkonzentriert. Die Vielfalt und Verschiedenartigkeit seiner Thematik spiegelt vielmehr dies: Jederzeit gibt er sich selbst und ganz. Er vermittelt seine Totalität, den Menschen Bernhard in seinen Aufwallungen und seiner Betroffenheit, in seinem Stolz und seiner Demut, den Eiferer und den Unmutigen, den Theologen mit messerscharfen Formulierungen von Wahrheiten, die ihm wesentlich erschienen, den Spiritualen mit einer Orgel von Stimmen der Ermahnung, der Aufmunterung, der Traurigkeit im Zustand des Liebesentzugs, der Erhebung, der freudigen Botschaft. Ich wiederhole: Bernhard gibt sich in seinen Ansprachen selbst und ganz, und so vermitteln seine Hoheliedpredigten die Summe dessen, was er erkannte und schaute, was ihn bewegte und erfüllte. Sie sind das Bernhardische Universum. Man müßte dies nachweisen, was indes an diesem Ort nicht geschehen kann.

Wilhelm hat seiner ›Expositio‹ eine Gliederung beigegeben, die deutlich macht, wie sehr ihm an einer geschlossenen Darstellung, die an sich ein exegetischer Traktat keineswegs erforderte, gelegen war. Er teilt das Hohelied in vier ›Gesänge‹ (cantica) auf: 1,1-2,7; 2,8-3,5; 3,6-8,4; 8,5-14.[7] Das ist, was merkwürdigerweise noch niemandem aufgefallen ist, die cantiones-Einteilung der Vulgata mit der Ausnahme, daß Wilhelm die Vulgata-Dreiergruppe 3,6-5,1;5,2-6,8; 6,9-8,4 zu einem einzigen canticum zusammenfaßte. Er begründet diese Gliederung so: Jedes canticum endet mit einer Vereinigung (accubitus / conjunctio) von Bräutigam und Braut und bilde so je

---

7 Die maßgeblichen Vulgata-Ausgaben, die des Vatikans 1957ff. und die der Württembergischen Bibelanstalt Stuttgart, sowie die monumentalen *Bibliorum Sacrorum latinae versiones antiquae seu Vetus italica* 1714 kennen keine cantiones- Einteilung, wohl aber die schlichte *Biblia sacra juxta vulgatae exemplaria et correctoria romana* des Aloisius Claudius Fillion, Paris ⁴1887. Wilhelm muß einen solchen Text benutzt haben. Die Tissier-Ausgabe vom Jahre 1662 (= PL 188, 473-546) hat weder eine Kapitel- noch eine cantiones-Gliederung, nur eine grobe Aufteilung in drei Kapitel, die Déchanet n.30, 107 und 187 einsetzt. Sicher ist, daß es keine Abschnittsgliederung gegeben hat: die der Ausgaben haben die Herausgeber eingeführt. Die weitere Unterteilung in »Strophen« ist eine Besonderheit der Edition von Déchanet.

ein Hochzeitslied, ein *epithalamium* (7). Stichwort für den *accubitus* ist die Mahnung des Bräutigams an die »Töchter Jerusalems«, die Braut in ihrem Schlaf nicht zu stören (*»Adjuro vos«* 2,7 ; 3,5; 8,4). Jetzt versteht man auch, warum Wilhelm die *cantiones* 3-5 der Vulgata zu einem einzigen, überlangen *canticum* zusammenschloß: die umfangreiche Textfolge von 3,6 bis 8,4 hat eben nur an ihrem Ende die *Adjuro*-Aufforderung. Was den Beginn betrifft, so spricht er von einer ersten Annäherung (*accessus*), die die Liebe entfacht (*irritamen amoris*); ihr folgen ein *actus purgativus* und eine Verwundung der Liebe (*vulnerata caritas*) (29). - Man sieht: Dieser Aufriß hat geradezu Systemcharakter. Es dürfte keinen zweiten Hoheliedkommentar geben, der eine derartige Geschlossenheit aufweist.

4. Mit dem vierten Punkt unseres Vergleichs, der Theologie der beiden Hoheliedauslegungen, erweist sich die Problematik eines Kurzvortrags mit weitgespannter Thematik. Sie nicht einmal umfassend, aber doch angemessen darzustellen, erforderte Stunden. Ich spreche damit die Fülle und die Tiefe der theologischen Fragen an, die Bernhard und noch mehr Wilhelm aufgreifen und vortragen. Ein Aufriß soll wenigstens andeuten, um welche theologischen Fragen es sich handelt. Es sind zwei große Komplexe: I. Die Theologie der Gottesliebe, II. Die Gotteserkenntnis. Sie sind freilich insofern nicht streng voneinander zu trennen, als die Liebe als solche auch Erkenntnis ist. Bei Bernhard ergibt sich dies aus der Liebeslehre als solcher, bei Wilhelm ist es ein wiederholt ausgesprochenes eigentliches Theologumenon: »*amor ipse intellectus est*«.[8]

Zu I.: Bernhard und Wilhelm bieten eine regelrechte *ars amatoria* über Ursprung, Fortgang und Erfüllung der Liebe. In diesem *magisterium* sind, wie Wilhelm einmal sagt,[9] Gott und die Natur Lehrmeister, Gott, indem alle Liebe von Gott ausgeht, die Natur, die uns Gott in der Schöpfung verliehen hat. In der Darstellung dieses Lehrgangs entfalten Bernhard und Wilhelm einen Reichtum und eine Differenziertheit der Liebesterminologie, die weder die weltliche Liedkunst noch der höfische Liebesroman je erreicht haben.

Bernhard denkt sich den Fortgang der Liebe, das ist der Aufstieg zur vollkommenen Gottesliebe, in Stufen: Vom Fußkuß über den Handkuß zum Kuß des Mundes. Sie werden mit den dionysischen Fortgangsstufen in Zu-

---

8 Dazu: *Expositio* 57,20f.; 76,25; 144,25; 144,40; *Epistola ad Fratres de Monte Dei*, ed. J. Déchanet (Sources Chrétiennes 223) Paris 1985, 173,8f.

9 *De natura et dignitate amoris*, ed. M.-M. Davy, Paris 1953, n.1.

sammenhang gebracht (Pr. 2-4). Ein Dreischritt ist auch mit den Kosena-
men bezeichnet: meine Freundin, meine Taube, meine Schöne. »Als Freundin wird sie begrüßt, als Taube getröstet, als Schöne umarmt« (57,3.11).
Bernhard unterscheidet sodann (20. Ansprache) die *dilectio animalis, ratio-
nalis, spiritualis*, Aufstiegsstufen, die er aus Mt 22,37 - Lieben aus ganzem
Herzen, ganzer Seele und allen seinen Kräften - ableitet. Diese Trias wird
als Grundschema des aufsteigenden Menschen für Wilhelms Sendbrief an
die Kartäuser von Mont-Dieu bedeutsam werden.

Was Wilhelm betrifft, so wäre seine Lehre zu behandeln, daß die Liebe
des Heiligen Geistes, die wir als Gabe empfangen, der Heilige Geist selber
ist: eine Doktrin, die wenig später Petrus Lombardus in seinen ›Sentenzen ‹
aufgreift, wodurch sie, durch die Sentenzenkommentare, allbekannt geworden ist, freilich immer umstritten blieb (Eckhart hat sie einige Male positiv,
aber auch einmal ablehnend zitiert).[10]

Die bedeutsamste Eigenlehre der Liebestheologie Wilhelms aber ist die
vom *amor deficiens*, die dann Richard von St. Viktor aufgegriffen und weiter
entwickelt hat. Er schließt zweierlei in sich: a) Er ist zunächst Liebesent-
zug, Gnadenlosigkeit, die *gotzvrömdung* (*alienatio Dei*) der Mechthild, b)
in positiver Wertung das Wissen um den *defectus* Christi in seiner Menschwerdung und unsere Nachfolge dieses *defectus*.

Zu II.: a) Eine gemeinsame Voraussetzung der Theologie der Gotteserkenntnis ist die *imago*- und *similitudo*-Lehre: Sie wird bestimmter und
vorbehaltloser formuliert als bei Augustin (dem nicht immer ganz wohl war
bei dieser Lehre, als hätte er das Verdikt Karl Barths, der vom trojanischen
Pferd sprach, vorausgeahnt). Zudem ist sie nicht nur ein Fundament der
Heilsgeschichte, sondern die Grundbedingung unserer mystischen Einheit
mit Gott. In dieser Lehre also decken sich Bernhard und Wilhelm. Höchstens könnte man feststellen, daß Bernhard einen stärkeren Akzent auf den
freien Willen legt als Wilhelm.

b) Wie die Gottesliebe so wird auch die *Gotteserkenntnis* in Stufen gedacht, wobei die Selbsterkenntnis der Ausgangspunkt ist. Auf der höchsten
Stufe fällt, wie in Gott, Liebe und Erkennen zusammen. Das gilt für beide

---

10 Dazu E. Wéber, *Élements néoplatoniciens en théologie mystique au XIII*ème *siècle*, in:
K. Ruh (Hrsg.), *Abendländische Mystik im Mittelalter*. Symposium Kloster Engelberg
1984, Stuttgart 1986, 196-217.

Theologen, doch hat Wilhelm eine spezielle Doktrin entwickelt, die Geschichte machen wird, auch in der volkssprachlichen Literatur: die Lehre von den zwei Augen der Gotteserkenntnis: *ratio* und *amor*. Sie entsprechen den Erkenntnisstufen *scientia - sapientia*. Beide Augen aber werden auf der obersten Erkenntnisstufe, in einem *transitus*, *ein* Auge: die Erkenntnis wird Liebe, Liebe wird Erkenntnis.[11]

c) Gotteserkenntnis ist auch Gottesschau. Wiederum stellt sie sich Bernhard im Dreischritt dar. Die erste Stufe ist das Erkennen der unsichtbaren Dinge in der Schöpfung nach Röm 1,20 (der vielzitierte Grundtext für die Vorstellung der *vestigia Dei*); die zweite Stufe die *familiaritas divinae praesentiae*; das ist die Erkenntnisweise Moses' und der Propheten; die dritte Stufe ist die *divina inspectio*: Gott nimmt Wohnung im menschlichen Herzen.

Bei Wilhelm ist Gottesschau, Sehen von Angesicht zu Angesicht, ein nie erfülltes und nie zu erfüllendes Verlangen, aber doch auch ein beglückender Vorgeschmack der ewigen Seligkeit. - Soweit der Überblick. Etwas genauer behandle ich nur einen Punkt: die *unitas* von Gott und Seele.

Bernhard denkt, wie wir hörten, in der Regel in Stufen. Der *ascensus* kann aber auch durch »unverhoffte Aufschwünge« (»*inopinati excessus*«: ›De consideratione‹ V,III 3) ersetzt werden. Dazu gehört der *excessus mentis* des Paulus (2 Kor 5,13). Diesen *excessus* erklärt er mit dem bekannten *raptus* des Paulus (2 Kor 12,2/4), der Entrückung in den 3. Himmel, bzw. ins Paradies. Ohne *excessus* und *raptus* begrifflich auseinanderzuhalten, hat bei Bernhard der *excessus* einen höheren Stellenwert. Er ist Kernstellen vorbehalten, während es *raptus*-Belege zu Dutzenden gibt.

Nach Gilson war es Maximus Confessor, der Bernhard den *excessus*-Begriff (in der Übertragung des Johannes Eriugena) vermittelt hat.[12] Bei der durchwegs augustinischen Sprachgebung bin ich eher geneigt, den *excessus*-Begriff von den lateinischen Vätern herzuleiten. In Augustins ›Enarrationes in Psalmos‹, die Bernhard mit Sicherheit kannte, gibt es 13 *exces-*

---

11 Die grundlegenden Texte: *De natura et dignitate amoris* (wie Anm.9) n. 25; *Expositio* n.92. Zu den Auslegungen Verdeyens (wie Anm.2, I, 355-358; III, 368f.) habe ich starke Vorbehalte.

12 E. Gilson, *Die Mystik des Heiligen Bernhard von Clairvaux* (in Übertragung von Philotheus Böhner) Wittlich 1936, 53-56.

sus/ excedere-Stellen; Cassian gebraucht *excessus* in den ›*Conlationes*‹, der
Mönchslektüre par excellence, an zentraler Stelle, bei der Schilderung der
oratio ignita (IV 5; X 11). Zudem ist, wie bereits erwähnt, *excessus* ein
paulinischer Terminus.

Der *excessus mentis* führt nun zur *transformatio*, der Verwandlung in den
göttlichen Partner, den Bernhard in den Hoheliedpredigten fast immer als
Verbum versteht. Das ist ein Einssein: *unitio* (Pr 71,5). Und jetzt kommt
der entscheidende Punkt: Diese Einheit im *excessus, ego in eo, et in me
nihilomninus ille,* ist grundsätzlich verschieden von der Einheit von Vater
und Sohn. »Der Sohn Gottes spricht: ›Ich bin im Vater, und der Vater ist in
mir‹(Joh 14,11) und ›Wir sind eins‹(Joh 10,30). Der Mensch dagegen sagt:
›Ich bin in Gott, und Gott ist in mir, wir sind *ein* Geist‹(»*unus spiritus*« 1
Kor 6,17)« (71,6). Zu dieser für Bernhard charakteristischen biblischen Be-
weisführung fügt er im folgenden Absatz eine begriffliche Erklärung hinzu:
»Der Unterschied der beiden Einheiten kann Dir mit einer (*unus*) und eins
(*unum*) verdeutlicht werden: es kommt weder dem Vater noch dem Sohne
zu, »einer« zu sein und ebensowenig dem Menschen und Gott »eins« zu sein
... Im ersten Fall ist *unum* die Einheit der Wesenheit oder der Natur (*unitas
substantiae vel naturae*), im andern Fall ist das *unus* zwar auch eine Einheit
(*unitas*), aber völlig anderer Art ... Sie kommt nicht durch Vermischung der
Naturen (*confusio naturarum*) zustande, sondern durch Übereinstimmung
der Willen« (*voluntatum consensio*) (71,7). Unsere Einheit mit Gott in der
Ekstase ist also keine Wesenseinheit, sondern eine Einheit des gegenseitigen
Willens.

Wilhelm nennt die höchste Gemeinschaft des Menschen mit Gott *unitas
spiritus,* und zwar in allen seinen Schriften. Sie ist ein Schauen von Angesicht zu Angesicht, wobei wir Gott zu schauen vermögen, was er ist, nicht
aber wer er ist. Sie ist Einwohnung Gottes in der menschlichen Seele. Sie ist
Erkenntnis in der Liebe, sei es durch Ekstase oder im *transitus.* Sie ist der
amplexus von Braut und Bräutigam, in dem sie den Status des Menschen
überschreitet (*supra hominem est*). Auch Wilhelm versteht wie Bernhard
die *unitas spiritus* als eine Vereinigung im Willen (*similitudo voluntatis,*
130), aber nur, wenn er als rationaler Theologe spricht. In der Emphase -
die Aussage *per emphasim* hat Wilhelm in der Schrift ›De natura et dignitate amoris‹ ausdrücklich gerechtfertigt - sagt er es anders. Ich zitiere n.95:
»Diese *unitas spiritus* (von Seele und Gott) ist keine andere als die Einheit
von Vater und Sohn, ist deren Kuß, deren Umarmung, deren Liebe, deren
Güte und alles, was jene ungeteilte Einheit (*unitas simplicissima*) beider

umschließt. Dies alles ist Heiliger Geist, Gott, Liebe, zugleich Geber und
Gabe ... Und wie Liebende in ihren Küssen durch süßen gegenseitigen Austausch ihre Seelen ineinander verströmen, so ergießt sich der geschaffene
Geist gänzlich in den Geist, der ihn geschaffen hat. Wahrlich, in ihn ergießt
sich der Schöpfer Heiliger Geist, so wie es ihm gefällt, und der Mensch wird
ein Geist mit Gott« (95). Das ist genau das, was Bernhard mit Entschie-
denheit abgewehrt hatte: die *unitas substantiae vel naturarum*, die *confusio
naturarum*. Wilhelm hat diese Lehre in der ›*Epistola ad Fratres de Monte
Dei*‹ noch einmal und noch entschiedener - er spricht von *consubstantia-
lis unitas* - formuliert (263), und es sind diese Ausführungen, die heftige
Kontroversen ausgelöst haben, so durch Johannes Gerson in seiner Auseinandersetzung mit der Lehre Ruusbroecs.[13]

Wenn ich recht sehe, ist Wilhelm in der Frage der Einheit unseres Geistes
mit Gott, dessen, was wir die mystische *unio* nennen, nie zu einer eindeuti-
gen Abgrenzung gelangt! Bald wird sie als *visio beatifica* verstanden, bald
erscheint das »Sehen von Angesicht zu Angesicht« als reale Teilhabe in ir-
discher Existenz. Eindeutig vertritt Wilhelm die kirchliche Lehre, wo er
als Theologe spricht. Den Spiritualen der Sehnsucht aber drängte es immer
wieder, die Grenze zu überspringen und zu bezeugen: *homo unum cum Deo*.

5. Es bleibt noch, den letzten Gesichtspunkt ins Auge zu fassen: die spezifisch mystische Spiritualität. Ich meine damit die Vermittlung, besser die
Gewortung der existenziellen Gotteserfahrung des Spiritualen. Es kann kein
Zweifel sein, daß sie Bernhard wie Wilhelm zuteil wurde. Aber das bleibe
hier undiskutiert, sei schlichtweg vorausgesetzt.

Ich beginne mit Wilhelm, um gleich an das soeben Ausgesprochene an-
zuknüpfen. Ich nannte ihn den Spiritualen der Sehnsucht. In der Tat ist
hier, in dieser Bewegung ohne Grenzen, diesem unstillbaren Durst (*anima
sitiens Deum* wird die *sponsa* definiert) am ehesten faßbar, was hinter den
Worten als Eigentlichkeit steht, ein Abglanz der Metasprache, die das Sprechen »aus der Ewigkeit« von unserer Rede grundsätzlich abhebt. Das ist
im Grunde nur durch den Text selbst zu vermitteln, was hier nicht möglich
ist. Ich kann so nur zur inhaltlichen Ausformung der Sehnsucht einige Bemerkungen machen.

---

13 Dazu Verdeyen (wie Anm.2) II, 268-271.

Als sich der Kathedralschüler von Laon, zur akademischen Laufbahn bestimmt wie sein Mitschüler Abälard, zu einem monastischen Leben ent-
schloß, geschah es aus einem tief inneren Bedürfnis nach Stille und Kontemplation. Sie war ihm nicht beschieden als Abt des Benediktinerklosters
St. Thierry, den Übertritt nach Clairvaux verweigerte Bernhard, so wurde
er Zisterzienser-Mönch in Signy. Seine ›Epistola ad Fratres de Monte Dei‹
(in diesem Kloster verbrachte er längere Zeit als Gast) vermittelt indes den
Eindruck, es sei die Lebensform der Kartäuser sein eigentliches und tiefstes
Ziel gewesen. Darüber hinaus stand sein Verlangen nach der visio beatifica. So ist die Sehnsucht seine Grundbefindlichkeit, der Tenor, die innere
Bewegung, der Kontrapunkt all seiner Schriften. Mehrfach zitiert Wilhelm
Ps 118,21: »Deficit in salutare tuum anima mea«. Deficere bedeutet hier
»verlangen, schmachten nach«. In der Sprache des Hohenliedes ist das salutare, »Heil«, der Geliebte. Da sich dieser immer wieder entzieht und
gesucht werden muß, dann wieder mit überraschender Plötzlichkeit zugegen ist, bildet sich ein unablässiger Wechsel von amor desiderii und amor
fruentis. Letzterer indes ist nur Vorgeschmack himmlischer fruitio, und so
gelangt die Sehnsucht nie zu ihrer gänzlichen Erfüllung. Man kann sagen:
Sehnsucht ist die Form der Liebe in via, und ihr Ziel ist »der ewige Tag,
der nicht mit dem Morgen beginnt und mit dem Abend endet und immer in
der Mitte des Mittags und des Lichtes steht, in der Weisheit und dem Geist
(intellectus), der Liebe und dem glückseligen Kosten (beata fruitio)« (56).
Die eigentliche Erfahrung Wilhelms liegt in diesem Bereich. Er wußte, »wir
haben hier keine bleibende Statt«. In diese Erfahrung hat er seine lichtvollen
theologischen Erkenntnisse, man möchte sagen: »eingezogen« wie ordnende
Linien in einem Gewebe.

Und nun Bernhard. Wiederholt versichert er, der unitio mit dem göttlichen Verbum nicht teilhaft zu sein, doch ist dies die augenblickliche Be-
findlichkeit des Predigers, der weiß, daß der excessus mentis selten und von
kurzer Dauer ist. Gelegentlich weist er aber auch, in großer Zurückhaltung,
auf seine persönliche Erfahrung hin, und dies im Wissen, daß sie allein
die Aussagen ekstatischer Erhebung, des Überschwangs, das Delirium der
göttlichen Liebeserweise zu rechtfertigen vermag. Nur einmal, in der 74. Ansprache, »gibt« er sich, wie er selber sagt, »preis«. »Ich gestehe, das Wort
ist auch zu mir gekommen und - ich sage es in meiner Torheit - vielfach. Obwohl es oftmals bei mir einkehrte, merkte ich einige Male gar nichts davon
... Woher es in meine Seele kam und wohin es ging, wenn es mich verließ ...,
das weiß ich noch heute nicht.« Und weiter: »Ich stieg in die höchsten Be-
zirke [meines Wesens], und sieh: Das Wort ragte darüber hinaus. Ich stieg

in die untersten Tiefen, suchend und mich überall umsehend, und trotzdem fand es sich in noch größerer Tiefe. Wenn ich nach außen blickte, so erfuhr ich, daß es außerhalb von allem war, was außer mir ist. Schaute ich aber in mein Inneres, so war es immer noch weiter innen. Da erkannte ich, wie wahr es ist, was ich gelesen: 'In ihm leben wir, bewegen wir uns und sind wir' (Apost 17,28).«

Dem steht dann, in der 85. Ansprache, der Satz entgegen: »Glaubst du, ich vermöchte auszusprechen, was unaussprechlich (*ineffabile*) ist?« Und er fügt erklärend hinzu: »Höre einen, der es erfahren hat [der Apostel Paulus]: ›Wenn wir außer uns sind (*mente excedimus*), so ist es für Gott, sind wir bei nüchternem Verstand, so ist es für euch‹ (2 Kor 5,13). Das soll besagen: Etwas anderes erfahre ich in Gott, der mein einziger Mitwisser ist, etwas anderes kommt mir mit euch zu. Was jenes berührt, so durfte ich es erfahren, aber nie und nimmer aussprechen, was dieses betrifft, so steige ich zu euch nieder, daß ich es euch sagen kann, und ihr mich verstehen könnt« (85,14).

Bernhard spricht hier in schöner Klarheit die Aufgabe und die reale Möglichkeit des mystischen Predigers aus. Er verschweigt die in der Prediger-Hörer-Gemeinschaft beschlossene Möglichkeit, dem auf Verständnis abzielenden *sermo mysticus* die unartikulierte Eigenerfahrung einzuhauchen. (Ich verweise hier auf das zurück, was ich zur mystischen Predigt gesagt habe.) Auch darüber kann eben nicht gesprochen werden. Aber die ›Sermones super Cantica canticorum‹ bezeugen vielfach, daß er »aus der Ewigkeit« sprach.

Das Schlußwort soll eine kurze Laudatio sein. Bernhards Hoheliedpredigten und Wilhelms Hoheliederklärung, zwei Stämme aus einer Wurzel, gleich in der zisterziensischen Geistigkeit, verschieden in ihrer theologischen und spirituellen Ausformung, bilden den schlechthinnigen Höhepunkt der mittelalterlichen Liebesmystik. Tieferes, Sublimeres in einer Sprache von großer Lauterkeit ist im Latein der späten Jahrhunderte nie ausgesagt worden. Die nur wenige Jahrzehnte später einsetzende volkssprachliche, bezeichnenderweise am Hohenlied orientierte oder von ihm inspirierte Liebesmystik muß sich an diesen herausragenden Leistungen messen lassen.

Die unio mystica im › St. Trudperter Hohen Lied ‹

Roswitha Wisniewski (Heidelberg)

Das ›*St. Trudperter Hohe Lied*‹[1] ist eines der interessantesten Zeugnisse der deutschsprachigen religiösen Literatur des Mittelalters. Es findet dementsprechend immer wieder die Beachtung der Forschung. Dennoch sind viele Fragen, die dieser Text aufgibt, noch nicht beantwortet. Als Entstehungszeit läßt sich nur grob »das 12. Jahrhundert« angeben; denn das Fragment der ältesten bekannten Handschrift stammt aus dieser Zeit. Ob diese aber im ersten, zweiten, dritten oder gar erst vierten Viertel des 12. Jahrhunderts geschrieben wurde, ist umstritten. Das Original wird folglich sowohl in die erste wie - vornehmlich - in die zweite Hälfte des 12. Jahrhunderts datiert.

Die Bezeichnung des Textes nach dem im Schwarzwald gelegenen Kloster St. Trudpert, dem Fundort der ältesten vollständigen Handschrift, suggeriert, daß dort auch der Entstehungsort sei. Aber eine unvoreingenommene Betrachtung der Gesamtüberlieferung zeigt, daß die Mehrzahl der Handschriften aus dem bayerisch- österreichischen Raum stammt. Auch die alemannischen Sprachspuren, die angeblich auf das alemannische Gebiet als Entstehungsraum weisen, sind äußerst dünn gesät. So ist denn auch die Frage der Lokalisierung noch ungelöst. Zuletzt hat Urban Küsters[2] eine salomonisch anmutende Lösung angeboten, wenn er feststellt, daß die »sprachgeographische Differenz« sich als » reformgeographische Identität« entpuppt. »... die wahrscheinliche Provenienz des Verfassers, die bayerische Entstehung oder zumindest frühe Überlieferung, die Schwerpunkte der Textfiliation im nordbayerischen (Regensburg, Nürnberg, Bamberg, Eichstätt) und Schwarzwaldraum sind mit den topographischen Gegebenheiten und Merkmalen der hirsauischen Reformbewegung nahezu identisch.«[3] In der Tat bildet »die Schiene St. Georgen - Prüfening (bei Regensburg) - Admont im 12. Jahrhundert die entscheidende Kraft der benediktinischen Reform« hirsauischer Prägung.[4] Aber kann das ›*St. Trudperter Hohe Lied*‹ als typischer Ausdruck dieser benediktinischen Reformbewegung gewertet werden?

---

1 *Das St. Trudperter Hohe Lied.* Kritische Ausgabe, Text mit Wörterverzeichnis und Anmerkungen hrsg. von Hermann Menhardt, 2 Bde., Halle 1934 (Rhein. Beitr. und Hülfsbücher zur germanischen Philol. und Volkskunde. Bde 21/22).

2 Urban Küsters, *Der verschlossene Garten.* Volkssprachliche Hohelied-Auslegung und monastische Lebensform im 12. Jahrhundert, Düsseldorf 1985 (Studia humaniora 2).

3 *Ebd.*, 88f.

4 *Ebd.*, 89.

Für die geistige Einordnung und Einbindung in eine der theologischen
Traditionen des 11./12. Jahrhunderts ist eine ganze Skala von Namen genannt worden. Sie reicht von Bernhard von Clairvaux über Wilhelm von St.
Thierry bis zu Honorius Augustodunensis, Gottfried von Admont und Ger-
hoh von Reichersberg, um nur einige der Genannten anzuführen, und vereint
damit sehr unterschiedliche Vertreter des geistigen Lebens jener Zeit. Dies
zeigt ebenso die Vielschichtigkeit der Aussagen des >St. Trudperter Hohen
Liedes< wie die Notwendigkeit ihrer intensiven und systematischen Analyse.
Dabei sind mehr oder minder zufällige Übereinstimmungen, wie sie dank
eines weit verbreiteten theologischen Allgemeingutes überall auftreten, von
spezifischen Denkhaltungen und Aussagen zu unterscheiden.

Die folgenden Ausführungen wollen nur ein kleiner Beitrag zur Lösung
der vielen offenen Fragen sein. Er soll sich beschränken auf einige Anmerkungen zur besonderen Ausformung der Mystik im >St. Trudperter Hohen
Lied< sowie zu deren anthropologischer Einbindung. Die sich dabei ergeben-
den Thesen bedeuten auch eine Stellungnahme zur vielumstrittenen Frage
der Einordnung des >St. Trudperter Hohen Liedes< in die geistige Land-
schaft seiner Zeit. Aber das kann und soll nicht näher ausgeführt werden.

Trinitätsmystik im >St. Trudperter Hohen Lied<

Der Begriff *unio mystica* ruft sofort Beschreibungen visionärer Erlebnisse
ins Gedächtnis: der Aufschwung der Seele über alles Irdische hinaus, Licht-
erscheinungen, prophetische Visionen, Liebesszenen, die die innige Verbindung der liebenden Seele mit Gott beschreiben. Das alles wird oft in eine
Sprache hymnischer Verzückung gekleidet.

Zu recht hat Urban Küsters in seiner Untersuchung über das >St. Trudperter Hohe Lied< diese visionäre Mystik mit dem neu entstehenden Individualismus in Verbindung gebracht. Er stellt fest: »Die von Bernhard
inspirierte und initiierte Zisterziensermystik eröffnet dem Individuum spirituelle Freiräume der subjektiven Selbst- und Gotteserfahrung, die sich auch
in einem gewandelten Frömmigkeitsstil niederschlagen, ohne freilich den Boden der regulierten vita communis zu verlassen.«[5]

---

5 *Ebd.*, 254.

Zu recht auch führt Urban Küsters eine Reihe von Zeugen für diese These
an: neben dem schon genannten Bernhard von Clairvaux nennt er für das
11./12. Jahrhundert Wilhelm von St. Thierry und Otloh von St. Emmeram.
Dazu stellt er mehrere Frauen: Hildegard von Bingen, Heloise, Elisabeth von
Schönau. Man wird ihm in Bezug auf alle Genannten zustimmen: »Jede von
ihnen hat auf eigenem Weg und auf unterschiedliche Weise ein ausgeprägtes
Ich-Bewußtsein entwickelt und sprachlich artikuliert.« Aber ist es richtig,
auch das › St. Trudperter Hohe Lied‹ in diesen Zusammenhang zu stellen?
Handelt es sich auch bei diesem Text um eine ›Choreographie der Seele ‹[6],
die den alttestamentlichen Hohe-Lied-Text dazu benutzt, persönliche, re-
ligiös-mystische Minne-Erlebnisse darzustellen und breit auszugestalten, so
wie man es entsprechend den Beispielen der genannten und mancher weiteren Mystikerinnen und Mystiker erwarten kann?

Gewiß, es gibt auch im ›St. Trudperter Hohen Lied‹ einige wenige Stellen, an denen individuelles mystisches Erleben spürbar wird und zur Sprache
kommt. Das evozieren schon entsprechende Verse des Hohen Liedes, das ja
fraglos ein Liebes-Dialog ist. So etwa erscheint im ›St. Trudperter Hohen
Lied‹ Minnethematik bei der Auslegung des Verses:

»Sin winstere ist undir mineme hovbete sin zesewe umbegrifet mich.«
(30,16f.)

Die Kommentierung beginnt zunächst sehr nüchtern und schulmäßig.

»daz chit: swenne ich an sineme arme lige daz ist dirre lip, so beschirmet
er mich unde huotet min, daz mich nieman wecke novch irschrekke niehein
unrehtu uorhte novch inhein unrehtv minne.« (30,18-22)

Dann aber wird tatsächlich individuelles mystisches Erleben artikuliert:

» suenne ich intslafe, so wiset er mine sele in troumes wis an die fai-
zten weiden des heiligin geistis unde mine inneren sinne in den schim des
himiliskin wistuomes. daz ist diu hoheste wunne die man in den ellenden
gehabin mach. wan diz abir daz uinstere unde das ellende lant ist , so ist
disiv wunne mere ein troum denne ein warheit.« (30,22-29)

Über den Inhalt des Traumerlebnisses wird - im Gegensatz zu dem, was

---

6 Ebd., 271.

wir von ekstatisch-visionären Mystikern und Mystikerinnen gewohnt sind -
nichts ausgesagt. Und es gibt auch keine andere Stelle im ›St. Trudperter
Hohen Lied‹, an der etwas Derartiges ausgebreitet geschähe.

Bisweilen spricht der Text über Empfindungen bei der unio mystica, zum
Beispiel:

»da sint drie mandunge, die newurden nie uirdienet noch garnet uone
nehaineme hailigen noch uone nehainime engele. daz ist diu wunnecliche
gesiht unserre ougen die wir an ime haben unde an unseren husgenozzen.
daz ist diu wunne unserre oren die wir uernemen uone siner suozzen chelen
unde uon alleme ingiside. daz ist daz allir uorderoste unde dc allir beste
guot, daz minnente herze. dannen nechan niemmin nieht gesagin newan die
iz in in selbin erchennent.«(89,12-22)

Es gibt im ›St. Trudperter Hohen Lied‹ auch einige kurze Hinweise auf
die Einwohnung Gottes in der menschlichen Seele. Doch auch das wird nicht
bildhaft ausgestaltet. Einige Beispiele:

»unser herze daz ist diu edele porte da got inne wonet, ube wir uns
flizzen rainer gedanche.«(126,2-4)

»... unde daz siu uon aller ir sele minnen, daz er in in ist. also loset uns
unser gemahele.«(106,3-4)

»unde wir unserre sele dar umbe minnen daz si gotis sal ist ...« (29,31/32)

»er wonet gerne an den bergin, daz kit er ist gerne mit den heiligen selen
die alle ir sahche sunderent uon der unheiligen diete, daz sint die hohistin
berge da wonet er allir gernist ...« (31,24-28)

»Noch sint ouch garten, da wonet inne got. daz ist gaistlich leben unde
ioch ieclich gaistlich menneskin, obe si den zun der guoten gewonehait umbe
sich habent unde der bedurnet ist mit den wahsen geboten unde wol besloz-
zen ist mit redelicheme suigenne.«(57,22-27)

Wird ausführlicher über die Einwohnung Gottes in der menschlichen Seele
gesprochen, dann geschieht das zumeist durch breitere Darstellung der Vor-
bedingungen dafür, also der seelisch-geistigen Kräfte und Tugenden, die
dazu führen, daß Gott in der Seele gegenwärtig ist. Ein Beispiel:

» nu sprechen uon der sele unde uon gote, weder got in der sele si odir
diu sele in gote. swenne der menniske forhte unde riuwe hat unde serikliche
wainen mach, so hat got die sele undir ime unde hat si besezzen also sin
erbe. so der lip unde diu sele mandunge habent in der suozze des hailigen
gaistes, so hat die sele got in sich gezogen so dc siu niemmer gescaiden ne-
werdent ainweder mit minne odir mit vorhte.«(128,24-33)

oder:

» ruowet er noch einer? ia er! swa er uindet die warun diemuot unde die
durcnahtigin kusse, dc kit diemuotigiu sele unde kuskin lip.« (20,4-6)

Dem Verfasser des ›St. Trudperter Hohen Liedes‹ bereitet die für das
Christentum typische integrative Spannung von individueller, gottbezogener
Freiheit einerseits und sozialer, gottbezogener Verantwortung andererseits
offensichtlich keine Schwierigkeiten:

» uone diu so habe die uernunstlichen minne ze gote. diu entluhet dir
din zesewez ouge. unde habe die brvoderlichen minne ze dineme nahesten.
daz intluhtet dir daz winstere ouge. so sihit got an dir, so gesihest ouch du
ane gote.«(79,32-80,3)

» diu gaiz sihet uil wahsse unde bezaichenot den menniskin der diu zuai
ougen siner uernunste girihtet hat hine ze gote und ze der gisihte sines nahesten.«(51,3-6)

Auch daß die vita contemplativa und die vita activa nicht gleichzeitig
stattfinden können, ist selbstverständlich, so daß der Aufruf, sich nach der
Ruhe der Kontemplation zu erheben und wieder dem Nächsten zuzuwen-
den, keine Probleme aufwirft. Eine ausgeprägte Polarität von Individuum
und Gemeinschaft über das selbstverständliche Maß hinaus ist nicht auszumachen.

Das Werk gehört offensichtlich in jene Gruppe von religiösen Dichtungen
und Texten, die nicht dem sakramentalen Vollzug des Gottesdienstes die-
nen. Es stellt vielmehr eine Anleitung zur kontemplativen Befassung des
Individuums mit sich selbst dar und wird im Epilog zur Spiegel-Literatur
gestellt:

»An diseme bouche sulin die prute des almahtigen gotis ir spiegel haben unde sulin bisihticliche ware tuon ir selbir antlutes unde ir nahisten, wie siu geuallen ir gemahelen ...« (145,4ff.)[7]

Es ist stilistisch zwischen Kommentar und Predigt anzusiedeln und als »Klosterpredigt« für Nonnen gut vorstellbar.[8]

Fragt man aber nach dem Charakteristischen des ›St. Trudperter Hohen Liedes‹, nach seiner spezifischen Intention, so muß man wohl von den zahlreichen Stellen ausgehen, die in einer sehr rationalen Weise reflektierend und analysierend über den Vorgang der unio mystica sprechen. unio mystica ist Erkenntnis Gottes:

»wan iz ist ain lere der minnichlichen gotes erkennusse.« (145,12/13)

An mehreren Stellen des ›St. Trudperter Hohen Liedes‹ wird solche Lehre gegeben. So wird zum Beispiel das Verhältnis von Gott und Seele in einer geradezu psychologisch zu nennenden These folgendermaßen verdeutlicht:

» wir wellen tumbin chindin sagin waz uernunst ist, also wirz versten. svaz der menniske wirvet odir wurchet odir schaphet daz widir bildit sich in sinen sinnen. uert er in wazzer odir in holze daz pildot sich in sinen gedanken. sver die widirbildunge getriuliche unde garliche unde liepliche unde innecliche an got keret, daz ist uernunst. der ist nahet deme wistuomme. «(43,7-14)

Diese Gotteserkenntnis ist zugleich Verwandlung in Gott; denn wer seine Gedanken auf Gott richtet und sich ganz in die Liebe zu Gott hineingibt, der gleicht sich in seinem Geist Gott an (66,12), wird zum vollkommenen Abbild Gottes, zum insigele:

»so din herze erwarmet uon ainer uorgenden minne ane dine garnede so douch mih dar ane, so dc du mit girde chomest zi minere bechennusse. so wirt din sele deme insigele gelih also dc wahs. ... diz sigilin dc ist diu gotes erchennusse. wande so uil du mere hast des gotes wistuomes so uil bistu baz gisigilit. dc chit: giliche gote.«(136,23-137,7)

Dieser Prozeß geistigen Einswerdens des Menschen mit Gott: » so mu-

7 Vgl. Irene Berkenbuschs Ausführungen in diesem Band.

8 U. Küsters (s. Anm.2) 19ff.

gen wir in muoter nemmen. er wurchet muoterlichen mit uns« (131,19-20),
führt zur Gegenwart des Bildes Gottes im Menschen:

»noch er liget noch ne stet in des menniskin herzen, sundir er wonet da
unde ist da in heiligeme bilde«(40,1/2).

Des Menschen Seele wird dadurch Gottes *leibester himel* (18,19).

Die menschliche Seele ist nach der Aussage des ›*St. Trudperter Hohen
Liedes*‹ »gescaffen in der materia des uater unde des sunes unde des hailigen gaistes.«(112,30/31) Sie ist also Gott gleich, so daß eine ontologisch zu
nennende Vereinigung von Gott und Menschenseele erfolgen kann.

Die Übereinstimmung liegt aber auch darin, daß Gott und die menschliche Seele aus einer trinitarischen Einheit bestehen:

»nu sprechen, waz got si, er ist der gewalt, er ist der wistuom. er ist diu
oberoste guote.«(117,31-33)

gewalt - wistuom - guote Gottes offenbaren sich im Heilsgeschehen (45,14-
16).

Da die menschliche Seele wie Gott selbst trinitarisch angelegt ist (z.B.: »
nu maken unsere memoriam unsere rationem unsere uoluntatem zu enpha-
henne den heiligin geist.« 5,13-15), wird im ›*St. Trudperter Hohen Lied*‹
von dieser Grundannahme her die *unio mystica* gern in geradezu mathema-
tisch-formelhafter Weise verdeutlicht als Zusammentreffen und Vereinigung
der göttlichen Trinität mit der Trias der - geläuterten - seelisch-geistigen
Kräfte des Menschen:

»memoria gehuget der sundon in uorthe ze deme herren, in scame widir den uater. unser ratio zuhet uns ze gote mit rehter innikheit unde mit
rehten werken. unser uoluntas diu ruowet mit gote an selben den menniskin
unde an sinen proximis. so wirt der menniske denne ainez mit got in der
sapientia.«(5,15-21)

Wie sehr diese Überlegungen im Mittelpunkt des Denkens des ›*St. Trudperter Hohen Liedes*‹ stehen, verdeutlicht die folgende, formelhaft-reduzie-
rende Aufstellung weiterer solcher Dreiergruppierungen:

gehuth mit geluobe ⟶ *gewalte des schepharis*
uernunst mit gedingen ⟶ *wistuome dines urlosares*
willin mit der heiligen minne ⟶ *guote des heiligen geistes* (13,5-
   11)

willin ⟶ *heiliger geist*
vernunst ⟶ *wistuom*
gehuht ⟶ *allir hoheste* (13,13-17)

heilige gvote ⟵⟶ *willin*
hoheste wistvom ⟵⟶ *uirnunste*
forhtlike gewalt ⟵⟶ *gehukte* (18,27-29)

uernunst mit gedinge ⟶ *wistuome*
willin mit heiligun minne ⟶ *guote des heiligin geistes*
gehuht ⟶ *stuol des allir hohesten* (13,7-17)

willin - sin guote
minne - sin gnade (8,15-17)

uater - sun - hailiger gaist
geloube - gedinge - minne
gehuht - uernunst - guoter wille
gewalt - wistuom - hailiger gaist (52,30-53,21)

wistuomme - uernunste - rat/guote (75,26-76,9)

houbet = gewalt
golt = wistuom
daz iz daz beste ist = guote (77,29-32)

gedinge - der hailige gaist
geloube - gewalt dines schephares
minne - gotes wistuom (95,4-18)

minne - geloube - gedinge - minne = gehuht ⟶ *gewalt*
                                    uernunst ⟶ *wi-*
                                    stuom
                                    wille ⟶ *goute*
                                    (97,8-15)

gehugede ⟶ *gewalte*
gedingen ⟶ *wistuome*

guoter wille ⟶ *guote* (105,15-20)

gescaffin ⟵ *gewalte des ewigin uater*
gedran ⟵ *wistuomme sines leiben sunes*
eruullet ⟵ *guote des hailigen gaistes* (110,10-13)

gehuhte ⟶ *gewalt*
uernunst ⟶ *wistuom*
hailige guote bringet wirmene unde aine suoze hitze (118,7-16)

gotes erbarmede - wistuom - gewalt (130,5-7)

gotes guote - potentia - wistuome (130,32-131,18)

unsere geloube uuoret unser gehuth etewenne uur sinen gewalt.
unsere gedinge uuoret unsere uernunst etewenne uur sinen wi-
stuom.
unseren willen uuoret allezande die minne ane die guote. (132,6-
13)

Die Seitenangaben lassen erkennen, daß sich diese Form von Mystik,
die man trinitarische oder auch spekulativ-philosophische Mystik nennen
kann, über das gesamte Werk hinzieht. In mehr oder minder regelmäßigen
Abständen wird sie eingeflochten in die Kommentierung des Textes des Hohen Liedes, woraus schon deutlich wird, wie wenig der *ductus* des alttesta-
mentarischen Liebesliedes mit dem häufig recht formelhaft argumentieren-
den ›*St. Trudperter Hohen Lied*‹ übereinstimmt. Allerdings muß deutlich
darauf hingewiesen werden, daß die hier vorgelegte dürre, auf das Skelett
der Aussagen reduzierte Darstellungsart der Aufstellung, die zum Zweck
besserer Übersichtlichkeit gewählt wurde, keineswegs die Innigkeit, Bewegtheit und auch Bildhaftigkeit der Sprache in den einzelnen herangezogenen
Passagen wiedergibt.

Die Trinitätsmystik und die trinitarischen Formeln sind mit weiteren ka-
talogartigen Nennungen versehen. Als Voraussetzungen zur Erlangung mystischer Erfahrungen werden vor allem die drei göttlichen Tugenden *Glaube,
Hoffnung, Liebe* sowie die sieben Gaben des Heiligen Geistes genannt. Ihnen
stehen bisweilen die sieben Hauptsünden gegenüber. Auch diese Kataloge
treten immmer wieder innerhalb des Werkes auf - recht prononciert stehen
sie am Anfang und am Ende, im Prolog und im Epilog -, sollen hier aber
nicht in die Betrachtung einbezogen werden, um die Konzentrierung auf die
Trinitätsmystik nicht zu verwischen.

Will man die literarische Besonderheit des ›St. Trudperter Hohen Liedes‹
erfassen, so kann man an diesen auffallenden und das Werk beherrschen-
den Beschreibungen einer Form von Mystik, die hier mit dem Wort »Trinitätsmystik« umschrieben wurde, nicht vorbeigehen. Die Eigenart des ›St.
Trudperter Hohen Liedes‹ ist zu einem ganz erheblichen Teil durch diese
spekulativen Reihungen und trinitätsmystischen Aussagen bestimmt.

PROTOLOGISCHE ANTHROPOLOGIE IM ›ST. TRUDPERTER HOHEN LIED‹

Die Trinitätsmystik ist im ›St. Trudperter Hohen Lied‹ in eine allge-
meine, für alle Menschen geltende Anthropologie eingebunden. Es handelt
sich also nicht um ekstatische, visionäre, an einzelne erwählte Menschen ver-
liehene extreme religiöse Erlebnisse. Vielmehr ist die *unio mystica* mit Gott
zumindest der Anlage nach die reguläre zu entfaltende Form menschlichen
Daseins. Diese anthropologische Aussage des ›St. Trudperter Hohen Liedes‹
findet sich am eindrucksvollsten in der Deutung des ersten Verses des Hohen
Liedes »Er küsse mich mit dem Kusse seines Mundes«. »*nu segin was dc
kos si*«(8,9), eröffnet das ›St. Trudperter Hohe Lied‹ die Kommentierung.
Zunächst wird der Urzustand der menschlichen Natur nach der Erschaffung
durch Gott dargestellt:

»er schuoph uns zi sineme bilde vnde zi sinir gelichnuschede dc unsir sele
sin insigele were. werin wir vol standin, sone were der munt unsir willin
vnde unsir minne nie vone sineme munde genomin, dc sin guote vnde sin
gnade ist.«(8,12-17)

Die bekannte anthropologische Aussage der Bibel, daß der Mensch Bild
Gottes ist, wird in der Weise gedeutet, daß Gott und menschlicher Geist
gemäß der menschlichen Natur, wie sie ursprünglich von Gott geschaffen
wurde, unmittelbar und ständig miteinander verbunden waren. Gott und
Mensch befanden sich - wenn man es so ausdrücken darf - in einer ununter-
brochenen *unio mystica*.

Diese Darstellung des anthropologischen Urzustandes wird verbunden
mit der heilsgeschichtlichen Deutung und insofern auch mit Mariologie und
Christologie: Durch den Sündenfall zerbrach die *unio* von göttlichem und
menschlichem Geist. Der Mensch, das Bild Gottes, verlor seine Eigenschaft,
völlig übereinstimmendes *insigele* Gottes zu sein. Erst in der Jungfrau Ma-

ria, deren Geist Demut und Keuschheit auszeichneten, wurde die ursprüngliche Einheit von Mensch und Gott, von menschlichem Wollen und Lieben und von göttlicher Güte und Gnade wiederhergestellt. Ihre Vollendung und heilsgeschichtliche Besonderheit fand diese *unio mystica* von Gott und Maria in der Inkarnation Gottes. Sie war die Voraussetzung für die Inkarnation und war zugleich die Inkarnation:

»disiu maget tete uf diu oren der hugede unde ir anedahte. mit ten hette si lange geloset. do was der heilige geist sin geleite durc den beslozinen lip in die offenen sele. ir *uernunste* , ir *gehuhte*, ir *wille*, alle ir sinne, die waren offen gegen gote. abir ir lip was beslozin. uon diu zam deme heiligen geiste dc er geleite was in die kamere des prutegovmes in dar inne ze schvokinne vnde ze garwenne.«(9,9-17)

Ratio, memoria, voluntas Marias nahmen also Gott auf. Damit ist in ihr der anthropologische Urzustand der menschlichen Natur vor dem Sündenfall wiederhergestellt. Sie eröffnete dadurch für alle Menschen die Rückkehr in diesen Urzustand: *»si hath uns allen hulde geuunnin ze kussene«*(10,32-11,1). Sogar des armen Sünders Seele wird *»ze gote gevovgit ... nach durnactigir bikerde unde nach warir riwe.«*(11,30-32)

Seit diesem Akt der Erlösung durch die Inkarnations-*unio* gehört die *unio mystica* wenigstens der Disposition nach wieder zur menschlichen Natur. Es steht jedem Menschen, zumindest jedem Christen, offen, durch Läuterung seines Wesens gnadenhaft die Vereinigung seines Geistes mit Gott zu erreichen, so daß *ratio, memoria* und *voluntas* des einzelnen Menschen zusammengefügt werden mit *potentia, sapientia* und *bonitas* der göttlichen Trinität (13,4-11). Der Mensch vermag die geistige Disposition zu dieser Verbindung mit Gott ständig zu erhalten: *» diz ist diu allir beste brutluofte. swer si habe der behuote si, so daz er niemer uz deme gedwange kome der gotis forhte.«*(13,17-19). Die Hoffnung auf diese *unio* ist jedem Menschen gegeben (13,20-22).

Die anthropologische Konsequenz aus der durch die Inkarnation begründeten *unio mystica* ist ferner, daß ein Mensch, der in der trinitarischen mystischen Vereinigung mit Gott steht, ein vollkommenes Siegel-Bild Gottes darstellt. Wie Maria Gott inkarnativ empfängt, in sich trägt und gebiert, so auch der mystisch begnadete Mensch, wenn auch die heilsgeschichtliche Realität der Inkarnation und der Geburt Christi durch Maria eine qualitativ andere ist:

»mache mich zaineme insigele, dc din herze allezane mit nutzen dingen bevangen si ainwedere hailiger gedanche odir bruodirliches nutzes. so din herze erwarmet uon ainer uorgenden minne ane dine garnede so douch mih dar ane...so wirt din sele deme insigele gelih also dc wahs. ...

also hast du denne here in disen lip enphangen den ewigen lip. so hat din sele in ir ain ungesprochenliche mandunge. also solt du mich sigelen ubir dine arme, so daz du dinu guoten werch allezane bezelest minere uirgebenen gnade. unde maine mich in allen dinen werchen. diz sigilin dc ist diu gotes erchennnusse. wande so uil du mere hast des gotes wistuomes so vil bistu baz gisigilit. dc chit: giliche gote«. (136,20-137,7)

Ähnlich:

»so ist novch ein andir sele. diu *zerfliuzzet mit der gotis minne.* daz ist so der hailige gaist entlutet unde schinet mit siner hitzze in alle unsere sinne, so hat got sine *genade garliche* here ze der armin sele gekeret. o wie wol in wart, die also zerfliezzent! *war fliezzent siu? hine widere an sine goteheit, dannan siu uon erst geschaffen wurden, daz wir sin bilde an unseren selen habeten,* die wile sich nieht uirsten mugin in disime libe durnachtecliche die zorftele unde die herschaft siner gotehaite. ich bin iedoch irwarmet uon siner minne, so daz mich nieht inlustet newan sines antluthes.«(72,20-32)

Am Rande sei erwähnt, daß diese beiden Zitate besonders deutlich die Liebe in ihrer Bedeutung für die mystische Einung erkennen lassen. Unerläßlich ist aber die Liebe in ihrer höchsten, vergeistigten Form, die *uernunstlich minne* (79,5; 79,33; vgl. auch *der vernunstlich gedinge* 105,18; *diu vernunstlich gestungede* 49,5; *diu vernunstlich rawe* 114,14).

An den Zitaten wird vor allem aber auch die vorwiegend - um mit Hans Urs von Balthasar[9] zu sprechen - *protologische* und weniger *eschatologische* Grundhaltung des ›St. Trudperter Hohen Liedes‹ deutlich. Der Verfasser ist offensichtlich fasziniert vom Gedanken der ontologischen Vereinigung menschlicher Geistigkeit mit Gott durch Erkenntnis und Liebe zur bleibenden Weseneinheit von Urbild und Abbild. Natürlich gibt es auch im ›St. Trudperter Hohen Lied‹ einige wenige Hinweise darauf, daß die *unio my-*

---

9 Hans Urs von Balthasar, Nachwort zu: *Augustins Bekenntnisse.* Übers. von Joseph Bernhart, Frankfurt, Hamburg 1955 (Fischer Bücherei) 216ff.

stica eine (unvollkommene und nur kurze Zeit andauernde) Vorwegnahme der ewigen Schau ist; aber charakteristisch für das ›*St. Trudperter Hohe Lied*‹ ist diese weit verbreitete Auffassung vom Wesen der *unio* nicht.

Zusammenfassend läßt sich feststellen:

Für das ›*St. Trudperter Hohe Lied*‹ ist spekulative Trinitätsmystik von zentraler Bedeutung. Sie durchzieht das ganze Werk. Die Bedeutung der Trinitätsmystik für das Denken des Verfassers des ›*St. Trudperter Hohen Liedes*‹ wird auch daran erkennbar, daß diese nur die einzelmenschliche Ausformung eines Zustandes ist, der in der Urform des menschlichen Seins vor dem Sündenfall bestand, und der in den Erlösungs-Vorgängen mit Inkarnation, Einwohnung Gottes in Maria und Geburt des Gottessohnes durch Maria von heilsgeschichtlicher Bedeutung wurde. Die Erlösung war zugleich generelle Wiederherstellung der Möglichkeit der *unio mystica* für den einzelnen Menschen.

Damit leistet das ›*St. Trudperter Hohe Lied*‹ einen wichtigen Beitrag zur verinnerlichenden Kontemplation. Das Werk ist gewiß zu den mittelalterlichen Texten zu stellen, die zur Vertiefung und Individualisierung der Religiosität des Einzelnen beitragen.

Weit ab aber steht das ›*St. Trudperter Hohe Lied*‹ von jenem mystischen Schrifttum, dessen Hauptanliegen die beschreibende Darstellung visionärer und ekstatischer Individualerfahrung ist. Vielmehr ist gerade die generalisierende anthropologische Deutung von Mystik charakteristisch für dieses mittelalterliche Werk des 12. Jahrhunderts. Wollte es damit einen Damm gegen aufbrechende Privat-Frömmigkeit mit übersteigernden Erscheinungen errichten? Auf jeden Fall wollte es dazu anspornen, die *ratio* und alle Erkenntniskräfte für die eigene Religiosität einzusetzen und das religiöse Leben mit Hilfe von eigenständiger Kontemplation zu gestalten.

Wegen dieser stark rationalistisch geprägten Haltung, wie sie in der ständigen Hervorhebung der Bedeutung von Vernunft und Weisheit zum Ausdruck kommt, und wegen der Neigung zu einer Art Trinitätsmystik muß das Werk wohl in erster Linie als Ausdruck der Frühscholastik verstanden werden. Das ›*St. Trudperter Hohe Lied*‹ mutet an wie eine frühscholastische Weiterentwicklung, aber auch vereinfachende Kurzfassung der bei Augustinus begegnenden Trinitäts-Metaphysik und -psychologie samt ihrer auch dort

vorhandenen Einordnung in eine protologische Anthropologie. Denn - wie
von Balthasar gezeigt hat - ist Gott für Augustinus ewige Geistigkeit (*memoria*), die sich selbst als »Wort« und »Intellekt« gegenübersteht, begreift
und als Wille und Liebe umfaßt. Diesem trinitarischen Urbild entspricht die
Struktur der Gott nachgebildeten Seele. Daraus ergibt sich auch, daß die
menschliche Seele durch die Konversion zum Urbild zurückfinden kann, indem sie sich ganz dessen absolutem Liebesgesetz unterwirft.

Wie im ›*St. Trudperter Hohen Lied*‹ findet auch bei Augustinus die
Zerfallenheit des Bildes Gottes, durch Hochmut und Unkeuschheit verursacht, ihre Heilung in der Hinkehr zu Gott, so daß Gott im geheilten Geist
gefunden wird. »Es geht ihm um die Wiederfindung des Ursprungs, der
kreatürlichen Ausgangssituation, des Schöpfungsaugenblicks in seiner ersten Reinheit, worin der Plan des Ganzen leuchtend heraustritt, um die
Urstandsgnade und die erste Liebeseinheit mit Gott, von der weg alles nachfolgende irdische Dasein schuldvoll abgefallen ist. Augustins gesamte Theologie hat einen zum Anfang rückläufigen Zug und ist somit eher protologisch
als eschatologisch ...«, so charakterisiert Hans Urs von Balthasar[10] Augustins Gedanken.

Wenn es zutrifft, daß das ›*St. Trudperter Hohe Lied*‹ hinsichtlich Trinitätsmystik und Anthropologie zumindest vom Ansatz her stark von Augustinus geprägt ist, so daß kennzeichnende Übereinstimmungen erkennbar
sind, dann muß untersucht werden, ob es mit der im süddeutschen Raum in
jener Zeit besonders vehementen Augustinus-Rezeption im Zusammenhang
steht, die ihren organisatorischen Ausdruck im Aufkommen der Augustinerchorherren und deren Leben nach der Augustinerregel fand. Von diesen
Überlegungen her fällt die Zustimmung zur These Urban Küsters´ schwer,
daß der Verfasser des ›*St. Trudperter Hohen Liedes*‹ ein unbekannter Benediktiner gewesen sei.[11]

Das ›*St. Trudperter Hohe Lied*‹ steht in der Literatur des frühen 12.
Jahrhunderts recht vereinzelt. Weitere Bemühungen, die Fragen seiner Entstehung und seines »Sitzes im Leben« zu beantworten, sind notwendig.

---

10 H.U.v.Balthasar, *ebd.*, 218.

11 Küsters (wie Anm.2) 34.

Aber unabhängig davon, ob dies gelingt oder nicht gelingt, geht von ihm ein Reiz aus, der aus dem Kontrast von spekulativer Rationalität und affektiv-bildhafter Sprachkraft entsteht.

Mystik und Askese

›Sankt Trudperter Hohes Lied‹ und ›Speculum Virginum‹

im Vergleich

Irene Berkenbusch (Heidelberg)

Eine der wichtigsten Schriften der Frömmigkeitsgeschichte im Mittelalter ist das um 1140 entstandene, in zahlreichen Handschriften und Handschriftenfragmenten vorliegende ›*Speculum Virginum*‹, das als pädagogisches Handbuch für Ordensfrauen konzipiert wurde. Es vermittelt ein wohl begründetes, in sich stimmiges Menschen- und Frauenbild zusammen mit einer umfassenden Tugendlehre.

Das ›*Speculum Virginum*‹ begegnet in 35 lateinischen und 18 mittelniederländischen Handschriften. Außerdem existiert eine altschwedische Handschrift aus dem Birgittenkloster in Vadstena vom Ende des 15. Jahrhunderts. Auch eine deutsche Ausgabe aus dem 17. Jahrhundert (Druck) ist vorhanden. [1] Die älteste vorhandene lateinische Handschrift (London, British Library, Cod. Arundel 44) stammt aus der ersten Hälfte des 12. Jahrhunderts. So wird von der ältesten lateinischen Handschrift bis zum deutschsprachigen Druck ein Überlieferungszeitraum von 500 Jahren überspannt.

Die mittelniederländischen Handschriften, die wenig voneinander abweichen, scheinen *eine* Übersetzung zu repräsentieren. Diese Übersetzung ist nur in drei Handschriften *vollständig* erhalten. Es handelt sich um zwei niederländische und einen Textzeugen, der dem Ripuarischen nahesteht. [2] In meinen folgenden Ausführungen stütze ich mich auf die aus dem ripuarischen Raum stammende Handschrift 466 der Hessischen Landes- und Hochschulbibliothek Darmstadt. [3]

---

1 Vgl. dazu Matthäus Bernards, *Speculum Virginum. Geistigkeit und Seelenleben der Frau im Hochmittelalter*, Köln/Graz 1955, 7-9.

2 Die mittelniederländische Übersetzung stammt aus dem 14. Jahrhundert. Folgende drei Handschriften tradieren sie vollständig: Leiden, Bibliotheek der Rijksuniversiteit, Hs. Letterk. 341, fol.1r-172v (Titel: *Den Maagden Spiegel*; ursprüngliche Lokalisierung ist nicht auszumachen); Brüssel, Koninklijke Bibliotheek, Hs. II,4748, fol. 17r-231v (Titel: *Spieghel der maechden*); Darmstadt, Hessische Landes- und Hochschulbibliothek, Hs. 466, fol. 417r-601r (ohne Titel, 15. Jahrhundert, ripuarisch-mittelniederländische Mischsprache; die Handschrift stammt aus der Sammlung des Barons Hüpsch [1730-1805] in Köln).

3 Bekanntlich existiert keine Edition des lateinischen *Speculum Virginum*; eine Ausgabe

Über den Verfasser des ›*Speculum Virginum*‹ ist bisher nichts auszumachen. Er nennt sich selbst mit keinem Wort. In den lateinischen Ausgaben
nennt er sich »*ultimus Christi pauperum*«, jedoch erlaubt diese Bezeichnung keinerlei Rückschlüsse. Denn diese Bezeichnung war für Ordensleute -
gerade in der Zeit - besonders verbreitet. Einen einzigen schwachen Hinweis
gibt der Anfangsbuchstabe »*C*« des Verfassernamens, der sich in elf lateinischen Manuskripten eingetragen findet. Andere Handschriften lassen ihn
ganz weg oder ersetzen ihn durch »*N*« oder »*Servus*«. Bisher muß die Ver-
fasserfrage offen bleiben. Hinweise auf benediktinisches Gedankengut und
der Appell an die Ordensfrauen, die Benediktinerregel einzuhalten, könnten eventuell auf einen Benediktinermönch als Verfasser verweisen. Sprache,
und Inhalt dieses Werkes lassen mystisches Gedankengut erkennen, ähnlich
wie es auch bei einem weiteren bedeutenden Werk der pädagogischen Or-
densliteratur der Fall ist, dem ›*Sankt Trudperter Hohen Lied*‹. In meinem
Aufsatz geht es um die Verwandtschaftsfrage dieser beiden Werke, wobei einige Aspekte mystischen Gedankenguts miteinander verglichen werden sollen.

Der Gedanke könnte naheliegen, daß die beiden bedeutenden, zu ähnlicher Zeit, zwischen 1140 und 1170, wahrscheinlich auch in ähnlichem,
dem bayerischen Raum entstandenen pädagogischen Handbücher für Ordensfrauen, das ›*Sankt Trudperter Hohe Lied*‹ und das ›*Speculum Virginum*‹, miteinander verwandt sein könnten. Dafür sprechen in der Tat
gedankliche Parallelen, vor allem auch in der Zielsetzung. So sind wohl
beide Bücher aus der Seelsorgetätigkeit eines Geistlichen, wahrscheinlich eines Mönchs, erwachsen und waren als seelsorgerliche Ratschläge für einen
Frauenkonvent bestimmt. Während das ›*Sankt Trudperter Hohe Lied*‹ sich
als Hoheliedauslegung versteht, bereitet das ›*Speculum Virginum*‹ seine
Ausführungen in Form eines kunstvoll, nach antikem Muster gestalteten
lehrhaften Dialoges auf.

Beide Bücher möchten mehr oder weniger ein *speculum* für ihre Adressatinnen darstellen, das heißt, sie möchten eine geistlich- ethische Richtschnur
des Handelns in Form von praktischen Lehren vermitteln. So könnte man
versucht sein - und hat es lange getan - beide Werke in gleichem Maße der
speculum-Literatur des 12. Jahrhunderts und damit einer eminent pädago-

---

für das *Corpus Christianorum* ist jetzt allerdings in Vorbereitung. Die mittelniederländische Übersetzung, der auch die Darmstädter Handschrift zugehört, hält sich
relativ eng an die lateinische Vorlage, stellt also in der Tat eine Übersetzung, keine
Bearbeitung dar.

gischen Traktat- Literatur zuzuordnen.

Das ›*Speculum Virginum*‹ trägt immerhin den Begriff *speculum* bereits im Titel und versteht ihn im gesamten Werk im Sinne einer Überprüfungs-möglichkeit, einer Richtschnur für das Handeln. Das ›*Sankt Trudperter Hohe Lied*‹ verwendet ebenfalls diesen Begriff, indem es im Epilog davon spricht, den Leserinnen einen Spiegel vorhalten zu wollen. Es heißt dort:[4] »An disime bouche sulin die prute des almahtigen gotis ir spiegel haben unde sulin bisihticliche ware tuon ir selbir antlutes unde ir nahisten, wie siu geuallen ir gemahelen, want er siu zallen ziten scovwet mit holden ougon, dc ist so dc flaisk chuolen beginnet unde der gaist warmen beginnet.« (145,14ff.). Entsprechend betont der Prolog des ›*Speculum Virginum*‹: » Die maechden plegen spiegelen vur haren aensichten te holden op dat si de gedaente harre schoenheit of harre mismaectheit daer in mogen merken. Want in den spiegel wort des geens aensicht gemerct de daer inschouwet ende geleert hoe danich dat hi is.« (f.417v) [Die Jungfrauen pflegen Spiegel vor ihr Angesicht zu halten, um die Gestalt ihrer Schönheit oder Mißgestaltetheit darin erkennen zu können. Denn im Spiegel kann derjenige, der hineinschaut, sein Angesicht erkennen, und er wird darüber belehrt, wie beschaffen er ist.] Hier zeigt sich eine sehr ähnliche, fast identische Verwendung des Begriffs *speculum* und seiner Handeln und Verhalten der Ordensfrauen aufdeckenden und korrigierenden Bedeutung. Die Frage ist zu stellen, welcher Art die gedanklichen Beziehungen zwischen dem etwas später entstandenen ›*St. Trudperter Hohen Lied*‹ und dem ›*Speculum Virginum*‹ sind. Wie nahe stehen sich die beiden Werke? Läßt sich eine geistige Verwandtschaft in den Grundlagen aufweisen? Bevor diesen Fragen eingehender nachgegangen wird, ist auf eine weitere wesentliche gedankliche Parallelität zwischen beiden Werken hinzuweisen.

Unio mystica

Beide Werke stellen in sehr ähnlicher Weise ihren Adressatinnen die *unio mystica* als das anzustrebende und zu erreichende Ziel vor Augen. Um diese Vereinigung der Seele mit Gott zu erreichen, wird von beiden Verfassern der vorher aufgezeigte Tugendweg zur Vollkommenheit gerechtfertigt. Beide Werke verstehen die *unio mystica* nicht individualistisch-visionär, es geht nicht um die Erlangung außergewöhnlicher Visionen, sondern die *unio mystica* wird ontologisch verstanden als Vereinigung der Seele mit Gott in der

---

4 Das ›*Sankt Trudperter Hohe Lied*‹ wird zitiert nach Hermann Menhardt, *Das Sankt Trudperter Hohe Lied*. Kritische Ausgabe, 2 Bde., Halle/S. 1934.

Liebe zu ihm. So heißt es im 10. Buch des ›*Speculum Virginum*‹ : ». . . daer
de salige sele in der mynnen Christi verenicht is« (580v) [... indem die selige Seele mit der Liebe Christi / oder durch die Liebe Christi mit ihm /
vereinigt ist], entsprechend stellt das ›*Sankt Trudperter Hohe Lied*‹ fest,
»(das herze) ist zirflozzen in der gotes minne« (72,14). Wir können hier
von einer Art *Liebesmystik* sprechen, die beiden Werken gemeinsam ist. In
engem Zusammenhang mit der *Liebesmystik* steht eine in starkem Maße be-
tonte *Brautmystik*. Die Adressatinnen, die Ordensfrauen, werden als Bräute
Christi gesehen, die sich in erster Linie dadurch auszeichnen, daß sie sich
bewußt der Liebe ihres himmlischen Bräutigams aussetzen, von dieser Liebe
wie von Nahrung leben und ihre Kraft zum Tugendleben daraus beziehen.
So spricht das ›*Speculum Virginum*‹ davon, daß » de bruut Christi di bi
sent iohan oec beteickent is. op de borsten haers heren rüsten« (soll) »
in der rusten der ewiger salicheit« (Buch 3,430r) [die Braut Christi, die
auch der hl. Johannes symbolisch bedeutet, soll an der Brust ihres Herren
ruhen in der Ruhe der ewigen Seligkeit]. Ähnlich beschreibt das ›*Sankt
Trudperter Hohe Lied*‹ diese liebende Einheit - mit dem Unterschied allerdings, daß es sich nicht auf das Johannes-Evangelium des Neuen Testaments,
sondern auf das Hohe Lied des Alten Testaments bezieht - mit folgenden
Worten: »die haizent sine liebesten, wande siu werdent trunchen uon der
ummazeclichen suozze die siu mit gote habent.« (72,3f.) Auch wird der
Gedanke der Liebe des Bräutigams als Nahrung für die menschliche Seele
im ›*Speculum Virginum*‹ in Fortführung der bereits genannten Stelle folgendermaßen ausgedrückt: »... daer de salige sele in der mynnen Christi
verenicht is ende *wort in haren hilgen ouergeuen mit hemelschen voetsel
geuoedet.* (Buch 3,431r) [... wobei die selige Seele in der Liebe Christi vereinigt ist und durch ihre heilige Hingabe mit himmlischer Nahrung ernährt
wird]. Entsprechend heißt es im ›*Sankt Trudperter Hohen Lied*‹ : » diz
ezzen unde diz trinchin daz hat er an iuch getan. *nu tuot ouch ir iz an ime.*
daz ist diu maiste minne.« (66,5-7). Nicht nur der Gedanke der Ernährung
durch die *minne* Christi ist hier vorherrschend, sondern in beiden Texten
wird gleichzeitig eine Aktivität der Ordensfrau oder der menschlichen Seele
betont: auch sie soll Christus lieben, sich ihm überlassen, dadurch vollzieht
sich eine Intensivierung der liebenden Erfahrung.

Sowohl im ›*Sankt Trudperter Hohen Lied*‹ wie im ›*Speculum Virginum*‹
wird die *unio mystica* immer wieder mit Umschreibungen der konkreten
säkularen Eheschließung wie »in das Brautbett heimholen« bezeichnet. Der
leiblichen Vereinigung von Mann und Frau wird hier die geistig-seelische
unio der Braut mit dem Bräutigam Christi analog gesetzt. So finden wir

im ›*Speculum Virginum*‹ Worte wie: »ende oftu se alle de van dinen gebode gedwaelt syn mitter sentencien der doot afvinden woltste, wie solde
dan mitti brulochten des lams in de weelden des paradys mogen geraken«.
(10. Buch) [Und wenn du alle diejenigen, die von deinem Gebot abgewichen
sind, mit Todesurteil belegen wolltest, wer könnte dann mit der Hochzeit
des Lammes in die Freuden des Paradieses eingehen]. Entsprechend formuliert das ›*Sankt Trudperter Hohe Lied*‹ : »nu geit iz an die brutluofte«
(13,4) und weiter »nu sulen wir uvregen ze brutpette« (138,20), aus dem
Hohen Lied Salomos wird die Formulierung »der kunig leite mich in sine
gademe« aufgenommen, womit dasselbe gemeint ist. Vielleicht sind in diesen Aspekten, der *Liebesmystik* und der *Brautmystik*, die auffälligsten und
stärksten Parallelen der beiden Werke festzustellen, zumal die Adressatinnen von vornherein von beiden Autoren als »Bräute Christi« verstanden
werden, die den Weg zur Vollkommenheit und zur *unio mystica* beschritten
haben.

Aber eine weitere Komponente der *unio mystica* wird in gleichem Maße
von beiden Büchern vertreten, man könnte sie vielleicht mit dem Begriff
»Ursprungsmystik« umschreiben. Hier tradieren beide Texte augustinisches
Gedankengut, wenn sie die mystische Beziehung zu Gott als eine Rückkehr zu ihm bezeichnen. Bereits der erste Satz des ›*Speculum Virginum* ‹
thematisiert dies als den grundlegenden Gedanken des gesamten Buches:
prinzipiell jeder Mensch, aber insbesondere die Ordensfrauen sollen ihren
Ursprung und Ausgang ihrer irdischen Existenz suchen und zu ihm zurück-
kehren. Darin liegen Sinn und Ziel ihres Daseins. Das Wiederfinden des Ursprungs, also Gottes, geschieht in der *unio mystica*. So hat die *unio mystica*
hier einen, das rein individuelle Interesse übersteigenden umfassenden Sinn,
vor den Sündenfall zurückzuführen und die ursprüngliche Schöpfungsord-
nung der ungeteilten Einheit zwischen Schöpfer und Geschöpf wiederherzu-
stellen.[5] Damit erhält die *unio mystica* einen heilsgeschichtlichen Bezug.

Der erste Satz des Prologs lautet folgendermaßen: »Want elc mensche
van synre natüerliker eween wegen getogen wort *syn ierste beghin weder
te sucken* ... dit selue behoert alre meest den genen toe die van der anwi-
singe der hilger kerken den hemelrike toegeschicket schinen te wesen.« (417r)
[Wenn auch jeder Mensch natürlicherweise dazu getrieben wird, seinen Ursprung wieder zu suchen, dann geziemt dies doch am meisten denjenigen,

---

5 Vgl. dazu auch Joseph Bernhart, *Die philosophische Mystik des Mittelalters von ihren
  antiken Ursprüngen bis zur Renaissance*, München 1922, 114ff.

die durch Anordnung der Heiligen Kirche für das Himmelreich besonders geeignet zu sein scheinen]. An späterer Stelle des ›Speculum Virginum‹ heißt es: »Wat vroude, wat glorie, wat sueticheiden, wat genaden, wat salicheiden, solde daer gebreken daer de *orspronck alre dingen mit deme gesichte des puren herten geschouwet wort*, daer der radyen des *onvergancliken lichtes* in dat onwederbugelike oge geuoelt wort.« (3. Buch, 432r) [Welche Freude, welche Ehre, welche Süßigkeit, welche Gnade, welche Seligkeit sollten dann fehlen, wenn der Ursprung aller Dinge mit dem Antlitz des reinen Herzens geschaut wird, wenn die Strahlen des unvergänglichen Lichtes von dem aufnahmebereiten Auge empfunden werden]. Entsprechend formuliert das ›Sankt Trudperter Hohe Lied‹: »war fliezzent siu? *hine widere an sine gotehait*, dann an siu uon erst geschaffen wurden, *daz wir sin bilde* an unseren selen habeten.« (72,25-28). Die Rückkehr der Seele zu Gott, zu ihrem Schöpfer wird in ähnlicher Weise betont, daneben aber deutet sich ein entscheidender Unterschied an, der nicht nur an dieser Stelle beobachtet werden kann. Im ›Speculum Virginum‹ geht es um ein »Schauen«, womit die *visio beata* angedeutet wird, im ›Sankt Trudperter Hohen Lied‹ wird von einem »Zurückfließen« zu Gott gesprochen. Somit wird im ›Speculum Virginum‹ die *Bedingung* der *visio beata*[6] genannt, bestehend in dem reinen Herzen, das ›Sankt Trudperter Hohe Lied‹ weist auf die ontologische *Folge* der *unio* hin, die darin besteht, daß der Mensch das Bild Gottes in seiner Seele empfängt, das heißt gleichzeitig, daß er zum Bild Gottes wird.

An dieser Stelle bereits wird der fundamentale Unterschied zwischen dem ›Speculum Virginum‹ und dem ›Sankt Trudperter Hohen Lied‹ deutlich. Ersteres besitzt eher eine pädagogisch-moralische, letzteres eher eine philosophische Intention. Dies näher zu erweisen, wird Aufgabe der folgenden Ausführungen sein.

IMAGO DEI.

Für das ›Sankt Trudperter Hohe Lied‹ hängen *unio mystica* und *imago Dei* unmittelbar zusammen. Durch den Vollzug der liebenden Vereinigung der Menschenseele mit Gott wird der Mensch zur *imago Dei*, er wird in den Stand versetzt, das Wesen Gottes, speziell auch die Trinität, wiederzuspiegeln. So heißt es im ›Sankt Trudperter Hohen Lied‹: »din sele sol der spiegel sin, da du dinen fridesamen chunich unde dinen lieben gemahelen inne sehest.« (93,27-29) Abgesehen davon, daß hier umschrieben wird,

---

6 Vgl. A. Hilary Armstrong, *Gottesschau* (Visio beatifica), in: Reallexikon für Antike und Christentum 12 (1983) 1-19.

was unter *imago Dei* zu verstehen sei, zeigt sich eine zweite Verwendungs-
weise des Begriffs » Spiegel«,[7] wie er im ›Sankt Trudperter Hohen Lied‹
wesentlich häufiger erscheint als die oben erwähnte Definition des ›Speculum Virginum‹.

Auch für das ›Speculum Virginum‹ besteht die Aufgabe der Seele darin,
das Bild Gottes wiederzuspiegeln. Um dazu fähig zu sein, werden die Ordensfrauen im Prolog dazu aufgerufen, ihr Gewissen zu reinigen. Im übrigen
enthält das ›Speculum Virginum‹ - im Unterschied zum ›Sankt Trudperter Hohen Lied‹ - nicht sehr viele Aussagen zum Menschen als *imago Dei*.
Es wird davon ausgegangen, daß der Mensch oder die Ordensfrau dieses
darstellt. Anders im ›Sankt Trudperter Hohen Lied‹. Hier finden wir dif-
ferenziertere Aussagen zum Menschen als *imago Dei*. Zunächst wird auch
hier festgestellt, daß grundlegend jeder Mensch als Geschöpf Gottes *imago
Dei* ist. Durch den Sündenfall wurden aber die Reinheit und Eindeutigkeit
dieser *imago* verdorben, somit ist es Aufgabe jedes Menschen, an der Wiederherstellung der *imago Dei* mitzuwirken. Gnade Gottes und die Aktivität
des Menschen gehören zusammen. Die Gnade Gottes erweist sich im Ge-
schenk seiner Liebe, die *unio mystica* ermöglicht. So bewirkt - wie bereits
oben erwähnt - die Erfahrung der *unio mystica* eine reinere Wiederspie-
gelung des Wesens Gottes in der Seele des Menschen. Andererseits aber
bedarf es, um die *unio mystica* erfahren zu können, einer reinen Seele, die
zur *imago Dei* geworden ist. Somit bedingen sich beide Grunderfahrungen
gegenseitig. Im ›Sankt Trudperter Hohen Lied‹ heißt es: »So ist novch ein
andir sele, diu zerfliuzzet mit der gotis minne. daz ist so der hailige gaist
entlutet unde schinet mit siner hitzze in alle unsere sinne, so hat got sine
genade garliche here ze der armin sele gekeret. O wie wol in wart, die also
zerfliezzent! War fliezzent siu? hine widere an sine gotehait dannan siu uon
erst geschaffen wurden, daz wir sin bilde an unseren selen habeten, die wile
sich nieht uirsten mugin in disime libe durchnachtecliche die zorftele unde
die herschaft siner gotehaite.« (72,20-30). Hier wird auch erneut auf den Zusammenhang zwischen *unio mystica*, der Erneuerung der *imago Dei* in der
Seele des Menschen und der Wiederherstellung der verdorbenen Schöpfung
hingewiesen. Die Mitwirkung des Menschen an der Wiederherstellung der
imago Dei bezeichnet das ›Sankt Trudperter Hohe Lied‹ als vernünftiges
Handeln. Die Worte »sver die widirbildunge getriuliche unde garliche unde
liepliche unde innecliche an got keret, daz ist vernunst« (43,11-13) verwei-

---

7 Vgl. zum Spiegel-Begriff: Dolores Baumgartner, *Studien zu Individuum und Mystik
im Tristan Gottfrieds von Straßburg*, Göppingen 1978, 290.

sen darauf.

Was heißt nun nach dem ›Sankt Trudperter Hohen Lied‹ und dem ›Speculum Virginum‹ imago Dei-Sein für den Menschen? Für das ›Sankt Trudperter Hohe Lied‹ expressis verbis, für das ›Speculum Virginum‹ nur indirekt spiegelt die trinitarisch angelegte Menschenseele die Dreieinigkeit Gottes wieder. Beide Werke verwenden unterschiedliche sogenannte » Seelenformeln«, die jeweils eine dreifache Erkenntniskraft der Seele beinhalten. So besteht nach dem ›Sankt Trudperter Hohen Lied‹ die menschliche Seele aus » voluntas, sapientia, ratio« beziehungsweise »willin, wistuom, uirnunst ‹‹, folgend der Abaelardschen Seelenformel. Verwendung findet auch die augustinische Seelenformel »memoria, ratio, voluntas«, oder »potentia, sapientia, bonitas«. Letztere ist ebenfalls Abaelard zuzuschreiben.

Das ›Sankt Trudperter Hohe Lied‹ sieht in diesen drei geistig- seelischen Kräften trinitarisches göttliches Wesen sich wiederspiegeln, so daß die Seele den Stempel oder das Spiegelbild Gottes trägt. Im ›Sankt Trudperter Hohen Lied‹ heißt es: » Er schuoph uns zi sineme bilde vnde zi sinir gelichnuschede dc unsir sele sin insigele were« (8,12ff.). Für das ›Sankt Trudperter Hohe Lied‹ ist diese Vorstellung der Wiederherstellung der Ebenbildlichkeit des Menschen mit Gott, das heißt der Mensch als Wohnsitz Gottes, sehr zentral. Das ›Speculum Virginum‹ hingegen führt diesen Gedanken wesentlich sparsamer aus. Lediglich im Prolog legt das ›Speculum Virginum‹ indirekt eine der augustinischen Seelenformeln zugrunde, hiernach besteht die Seele aus »sensus, ratio, voluntas«. Während aber das ›Sankt Trudperter Hohe Lied‹ vor allem in diesen geistig- seelischen Kräften sich das Bild Gottes wiederspiegeln sieht, somit also eine ontologische Komponente einbezieht, geht das ›Speculum Virginum‹ mit dieser Seelenformel rein funktional um. Das zeigt sich bereits daran, daß die einzelnen Kräfte nur indirekt erschlossen werden können, indem im Prolog an sie appelliert wird. Der Gefühlsbereich, die Vernunft/der Intellekt und der Wille müssen notwendig eingesetzt werden, um spezifische Verhaltensziele zu erreichen. Diese geistig-seelischen Kräfte stellen die genannte Seelenformel dar. Der Zusammenhang mit dem Menschen als imago Dei wird nicht hergestellt, die Seelenformel hat keine ontologische, sondern eine rein funktionale Aufgabe.

Hier zeigt sich erneut der fundamentale Unterschied der beiden Werke hinsichtlich ihres Vorgehens und ihrer Zielsetzung, wieder läßt sich die Intention des ›Speculum Virginum‹ eher als pädagogisch-pragmatisch, die des ›Sankt Trudperter Hohen Liedes‹ eher als ontologisch-philosophisch feststellen.

CASTITAS

Eklatant zeigt sich schließlich der gedankliche Unterschied beider Werke in der Darstellung des Weges, zur *unio mystica* zu gelangen. Während das ›*Sankt Trudperter Hohe Lied*‹ nur selten und ganz allgemein von der Reinheit des Lebens spricht, die Voraussetzung für die Gotteserkenntnis sei, legt das ›*Speculum Virginum*‹ großen Wert auf Ausführungen über Reinheit, Askese und einzelne Tugendstufen, die als Voraussetzung zur *unio mystica* notwendig zu erlangen seien. Auch das ›*Sankt Trudperter Hohe Lied*‹ kennt eine solche Stufung der Tugendentwicklung der Seele. Es heißt dort: » er weiz wol wie edel vnser sele ist. er weiz wol wie arm si ist. uon diu irbarmet si in. er sendit ir den mahelschatz. dc ist der *govte wille.* ane den inwirt niemir nechein brutlovfte ioch nach der welte e. den guotin willin gilltit er uns mit den *tugenden.* die tuginde giltit er mit *ime selbin.*« (12,21-27).

Während es hier aber nur drei Stufen sind, die durchgangen werden müssen, spricht das ›*Speculum Virginum*‹ von einer Tugendleiter mit sieben vorgeschriebenen Stufen (Buch 11). Dieses Bild von der Tugendleiter, der alttestamentlichen Erzählung von der Jakobsleiter entnommen, ist eingebunden in grundlegende Ausführungen über die *castitas*, die Reinheit der Seele. Unter verschiedenen Aspekten wird erläutert, was das ›*Speculum Virginum*‹ unter *castitas* versteht. Zunächst erscheint die Reinheit der Seele unabdingbar verbunden mit einer strikten Weltabkehr. Die Welt - dazu gehören Familie, die früheren Freunde, ehemalige Beschäftigungen, die eigene Jugend und Schönheit, selbst Heimat und Vaterland - wird als zerstreuend und somit als gefährlich angesehen; allein im Kloster als einer Insel des Heils kann die Ordensfrau Tugend erringen und Gotteserkenntnis erlangen. Bereits im Prolog heißt es dazu: » Dat ghi o dochteren in Christo mit enen bereiden gemoede gedaen hebt daer ic mi herde seer af verbliden dat ghi de ewige dingen voer de verganclike gesettet hebt. Want ic sie dat ghi alrede lantschap, maesscap ende üwe ionge ioget dat nochtan sware te doen is om der mynne Christi onder de voete tredet.« (417v) [Was ihr, Töchter in Christus, mit einer bereitwilligen Einstellung getan habt, worüber ich mich ganz besonders freue, daß ihr nämlich die ewigen Dinge vor die vergänglichen gestellt habt. Denn ich sehe, daß ihr bereits Heimat, Verwandtschaft und eure Jugendlichkeit - was ganz besonders schwierig ist - um der Liebe Christi willen unter die Füße tretet / mit Füßen tretet.] Sehr krass erscheint die Formulierung » onder de voete tredet«, das heißt, Reinheit ist nur möglich bei vollkommener Welt- und Leibfeindlichkeit. Daß die Welt, das frühere

Leben der Ordensfrau, wirklich als dem jetzigen Leben feindlich gegenüber-
stehend angesehen wird, belegt die folgende Stelle aus dem 2. Buch ». . . de
vinsteren dyns huses *vur dyn viande* also gesloten solste holden «[. . . und die
Fenster deines Hauses vor Feinden geschlossen halten sollst] oder ähnlich:
». . . mynnen tusschen di ende dinen brudegom, opdat *din vyf sinnen behoet
solden bliuen van werliker menichuoldicheit.*« (450v) [. . . Liebe zwischen dir
und deinem Bräutigam, damit deine fünf Sinne bewahrt bleiben mögen vor
weltlicher Zerstreuung]. Die Welt ist gefährlich, weil sie die Sinne reizt und
die Konzentration allein auf die Liebe Christi gänzlich zu zerstreuen vermag.
Man muß unterscheiden zwischen Zweck und Ziel dieser strengen Forderung
nach Weltabkehr und *castitas*. Den Zweck sieht das ›Speculum Virginum‹
in einer Überwindung der Sünden und einer Heilung von deren Schadens-
wirkungen. Dazu sagt das ›Speculum Virginum‹: »dat sy mitten plaester
der *rechter penitencien de wonden der Sonden weder beteren.*« (2. Buch,
448r). Durch die Reinigung von Sünden ist das Ziel, die Gottesminne, zu
erreichen, möglich geworden. Gleichzeitig werden Liebe Christi und Gottesliebe als das Movens für den Klostereintritt gesehen. Ohne diese Liebe
ist das Klosterleben ein totes Exerzieren von Tugenden ohne Sinnerfüllung.
Das ›Speculum Virginum‹ betont dies im 2. Buch mit den Worten: »reynicheit sonder mynne is een lampe sonder olye « (448v), oder an späterer
Stelle: »de nye sanc is een schamel gemoede in desen cranchen licham een
wacker behoedinge der hilger reynicheit mit oetmoedicheit des herten ...
die vyfsinnen om harre schadeliker begeerlicheit willen mitten sluetel der
mynnen gods altoes toe gesloten te holden.« (449r) [Der neue Gesang ist
eine reine Gesinnung in diesem schwachen Leib, eine wache Bewahrung des
Herzens ... die fünf Sinne um ihrer schädlichen Begehrlichkeit willen mit
dem Schlüssel der Liebe Gottes allezeit geschlossen halten.] Dieses neue
Lied des Psalms bewirkt also die Endgültigkeit der Weltabkehr, das heißt,
dieser Art Reinheit wird offenbar eine ungeheuer belebende Kraft für den
einzelnen Menschen zugeschrieben. Nur fällt auf, daß die Anweisungen zum
ethischen Handeln jeweils einen breiteren Raum einnehmen als der Verweis
auf die Zusage der Liebe Christi. Es ist vielmehr immer wieder die Rede
davon, was an Askese und Weltabkehr zu leisten ist. Anders im ›Sankt
Trudperter Hohen Lied‹, das den Gedanken der Weltabkehr in dieser Weise
nicht enthält, das eher andeutet, wie sehr auch das asketische Leben posi-
tive intellektuelle, aber auch sensuelle Erfahrungen mit sich bringen kann.
Während das ›Speculum Virginum‹ ausführt: »So is de reynicheit alleen
te louende an den hemelschen brudegom *mit vaster loften sonder enich om-
mesien gebonden is.* « (448v) [So ist allein die Reinheit zu loben, die an den
himmlischen Bräutigam mit standhaftem Laufen ohne jedes Sich- Umsehen

gebunden ist], sagt das ›Sankt Trudperter Hohe Lied‹ über das Zurücklassen des Alten: »dc sint die, den gaistlichez leben *wole smeckchet*, die saminent die tugende, die *smeckchent in baz* denne allez dc siu liezen.« (138,1-4) Diese Stellen zeigen für das ›Speculum Virginum‹ stärker einen Appell an den moralischen Willen und die Anstrengung des Menschen, während das ›Sankt Trudperter Hohe Lied‹ eher den Blick darauf richtet, daß durch das abgeschiedene Leben Positives zu erkennen und zu erfahren ist. Es hat eine humanere, ganzheitlich die Existenz des Menschen umfassende Sicht.

DIE SIEBEN GABEN DES HEILIGEN GEISTES

Beide Werke enthalten eine ausführliche Lehre von den sieben Gaben des Heiligen Geistes, die grundlegend für Theologie und Anthropologie der beiden ist. Gerade diese Ausführungen verdeutlichen aber auch noch einmal deren unterschiedliche theologisch-philosophische Grundauffassung und Zielsetzung. Zunächst zum ›Sankt Trudperter Hohen Lied‹. Hier enthält bereits der Prolog - geradezu programmatisch - eine grundlegende Lehre von den sieben Gaben des Heiligen Geistes.[8] Der Mensch wird demnach vor allem dadurch zum *imago Dei*, daß sich in ihm die sieben Gaben des Heiligen Geistes manifestieren. Der Prolog zeigt somit die *Funktionen* der sieben Gaben für die Wiedererlangung des Idealzustands des Menschen vor dem Sündenfall auf. Zunächst wird dieser Idealzustand beschrieben: die sieben Gaben des Heiligen Geistes manifestieren das christliche Menschenbild.

Der Teufel zerstört diesen Idealzustand, indem er den Menschen zur Sünde verleitet mit der Konsequenz des Sündenfalles und des Verlusts der Gottähnlichkeit des Menschen. Sieben Hauptlaster entsprechen nun den sieben Gaben des Heiligen Geistes. Es sind dies Hochmut gegen die Furcht, Neid gegen die Frömmigkeit, Zorn gegen die Erkenntnis, Traurigkeit gegen die Stärke, Habgier gegen den Rat, Schlemmerei gegen die Einsicht und Ausschweifung gegen die Weisheit. Somit bedeutet der Sündenfall den Verlust der sieben Gaben des Heiligen Geistes. Erlösung muß logischerweise die Wiedererlangung dieser Gaben zur Folge haben. Im dritten Teil des Prologs wird vor allem auf die Erlösung des Menschen durch den Heiligen Geist und

---

8 Vgl. die Dissertation von Roswitha Wisniewski, *Versuch einer Einordnung des St. Trudperter Hohen Liedes in die Theologie und Philosophie seiner Zeit*, Berlin 1953 und Friedrich Ohly, *Der Prolog des St. Trudperter Hohen Liedes*, ZfdA 84 (1952/53) 198-232; ders., *Geist und Formen der Hoheliedauslegung im 12. Jahrhundert*, ZfdA 85 (1954/55) 181-197.

die Erlösungstat Christi verwiesen. Denn durch Christus, durch die Inkarnation der göttlichen Weisheit kommen die sieben Gaben des Heiligen Geistes, die vorher nur einzeln an einigen Gestalten des Alten Testaments sichtbar wurden, in Christus *vereint* wieder in die Welt. Christus also stellt die *Inkarnation* der sieben Gaben des Heiligen Geistes dar. Es heißt an dieser Stelle im ›*Sankt Trudperter Hohen Lied*‹ : »do kom dc zit der gnadin. *do wart sapientia selbe geborn*, der intellectus erovget mit deme heiligen geiste in der tuben da zu der tvofe. dc consilium wart irvullet an der martyre, diu fortitudo an rovbe der helle, diu scientia an der resurrectione. wan do bezzerth er den iungeren den sin. diu pietas ovgeth sich an der ufferthe. der timor wirt uns her nach erzaiget an der urteile.« (4,1-9)

Die sieben Gaben des Heiligen Geistes werden also unmittelbar an die Wunder und Kraftwirkungen der Erlösungstat Christi gebunden, wobei natürlich der wichtigste Satz lautet: »do wart sapientia selbe geborn«, und *sapientia* umgreift imgrunde alle anderen Gaben des Geistes auch.

Die Erlösungstat Christi wird in Beziehung gesetzt zur täglichen Erlösung, Wiederherstellung und Vergöttlichung der einzelnen Menschen: »nu sehent wie uns widere hath brath der heilige geist. do wir wrdin gischaffin unde giuielin, do makete er uns widere. alsame duot er hiute« (4,9-12).

Der dritte Teil des Prologs setzt die geistig-geistliche Vervollkommnung des Menschen in Parallele zu der Schöpfung der Welt, somit wird sie gleichermaßen als »Neuschöpfung« des Menschen begriffen. Jedem Schöpfungstag entspricht die Begnadung der Seele mit einer neuen Gabe des Heiligen Geistes (4,12-5,1). Es wird deutlich, daß Christi Inkarnation, die Inkarnation der sieben Gaben des Heiligen Geistes in Beziehung gesetzt wird zur Erneuerung der *imago Dei* des Menschen, was eine übergreifende heilsgeschichtliche Komponente beinhaltet.

Das Besondere des ›*Sankt Trudperter Hohen Liedes*‹ im Gegensatz zum ›*Speculum Virginum*‹ besteht nun in dem Gedanken, daß der Idealzustand des Menschen *vor* dem Sündenfall wiederhergestellt werden kann; eine solche Behauptung würde das ›*Speculum Virginum*‹ niemals aufstellen. Der Prolog des ›*Sankt Trudperter Hohen Liedes*‹ verweist darauf, daß der Mensch emporgehoben wird zur göttlichen Weisheit, der Mensch ruht »in der sapientia mit gote« (4,33) - eine Aussage, die das ›*Speculum Virginum*‹ nur über Christus machen würde. Der erlöste Mensch wird »ainez mit got in der sapientia« (›*Sankt Trudperter Hohe Lied*‹ 5,20f.) Das ›*Sankt Trud-*

perter Hohe Lied‹ versucht hier also eine Ontologie oder Anthropologie der sieben Gaben des Heiligen Geistes, ohne auf irgendwelche pädagogisch-ethische oder pragmatische Konsequenzen wertzulegen. Lediglich der Epilog des ›*Sankt Trudperter Hohen Liedes*‹ spricht davon, daß der Mensch die Kraft zur Gottes- und Nächstenliebe aus der *heiligen minne* und den sieben Gaben des Heiligen Geistes bezieht. Es könnte bereits hier der Verdacht aufkommen, daß der sehr moralisch - pragmatisch abgefaßte Epilog des ›*Sankt Trudperter Hohen Liedes*‹ einen späteren Zusatz darstellt. So heißt es zum Beispiel in 147,24ff.: »also uile so du hast der gotes uorhte, also diemuote bistu. an disime brieue soltu erchennen die gemahelen des almahtigen gotes ainwedir dc si diz haben, odir si mit flize dar nach werben. swer iz ernistliche wirbet, nehat er ouch niht uile dirre tugende, er haizzet ie doch uon sineme guoten willen unde uon sineme erneste ain brut des almahtigen gotes «.

Ein ganz anderes Bild entwirft das ›*Speculum Virginum*‹ von der Bedeutung und Funktion der sieben Gaben des Heiligen Geistes. Während das ›*Sankt Trudperter Hohe Lied*‹ sie als Mittel zur Erlösung und Wiederherstellung der Menschen begreift, versteht sie das ›*Speculum Virginum*‹ einmal als Zeichen für die Allmacht Gottes und zum zweiten als Kraft oder als Voraussetzung eines praktischen Tugendlebens des Menschen. Den einzelnen Gaben werden sogleich entsprechende Tugenden gegenübergestellt, so der Weisheit zum Beispiel das Streben nach Erkenntnis Gottes, der Frömmigkeit, die Übung der Nächstenliebe, die Gabe des Rates hilft, weise zu werden, alle vergänglichen Dinge den transzendenten gegenüber zurückzustellen, das heißt also Askese zu üben. Das ›*Speculum Virginum*‹ faßt dies in die folgenden Worte: »De raet hevet also menich dusent maechden ende ionger menschen onder dat suete yuc Christi gebrocht.« (451r) Ansatzweise tut das an dieser Stelle das ›*Sankt Trudperter Hohe Lied*‹ auch, aber längst nicht in dieser Ausführlichkeit wie das ›*Speculum Virginum*‹.

Zunächst wird der Mensch verglichen mit einem Gebäude, dessen Fundament Christus ist, und dessen Dach getragen wird durch sieben Säulen; diese bedeuten die sieben Gaben des Heiligen Geistes. Es kommt alles darauf an, was der Mensch auf diesem Fundament aufbaut. Der auffällig paulinisch orientierte Verfasser verwendet hier das bekannte Paulus-Wort 1 Kor 3,11-15. Hier wird bereits von Anfang an der moralisch-pragmatische Akzent der folgenden Ausführungen thematisiert.

Es folgt nun eine großangelegte Symbolik der Siebenzahl, von der ich nur das für anthropologische Betrachtungen Interessante herausstreichen will:

Die Seele besitzt *drei* Naturen: Zorn, Begehrlichkeit und Vernunft, im Leib
befinden sich die *vier* Elemente: Feuer, Wasser, Luft, Erde. Eine andere
theologische Zahlensymbolik wird versucht: die *drei* symbolisiert den Glauben an die Heilige Dreifaltigkeit, die *vier* die vier Kardinaltugenden. Hierauf
folgt eine typologische oder besser präfigurative Deutung der Siebenzahl anhand von Beispielgeschichten aus dem Alten Testament, angefangen damit,
daß Gott am siebten Tag von seinen Schöpfungswerken ausruhte.

Ähnlich wie im ›Sankt Trudperter Hohen Lied‹ wird anschließend auch
Christus als mit den sieben Gaben des Heiligen Geistes erfüllt dargestellt,
aber eben vorsichtiger, *nicht* als deren Inkarnation. Deren Inkarnation kann
nur Gott sein.

Im folgenden leistet das ›*Speculum Virginum*‹ eine eingehende Definition
jeder einzelnen geistlichen Gabe. Alle Definitionen sind ähnlich strukturiert,
sie bestehen jeweils aus fünf Einzelschritten:

a) Ein zu der Gabe passendes alttestamentliches Wort oder Beispiel alt-
testamentlicher Gestalten werden erläutert.

b) Gott erweist sich als Inkarnation dieser Gabe.

c) Christi Art und Weise, diese Gabe praktisch exemplarisch vorzuleben.

d) Die Bedeutung dieser Gabe für den Menschen, wobei jeweils der Akzent auf dem biblischen Wort liegt: wir sind geschaffen zu guten Werken.
Die sieben Gaben sind deren Verwirklichung.

e) Die Bedeutung der Geistesgabe für das Leben der Kirche.

Der *Gesamttenor* der Erläuterung der sieben Geistes-Gaben läßt sich
folgendermaßen zusammenfassen: die Gaben können den Menschen verwandeln und ihn unbefleckt sein lassen. Christus und Gott besitzen die
Gaben in Vollkommenheit, der Mensch kann von ihnen nur berührt, auf-
gerüttelt, erweckt werden, es gibt keine Vergöttlichung des Menschen wie
im ›Sankt Trudperter Hohen Lied‹, auch wird nicht davon ausgegangen,
daß der Mensch diese Gaben vor dem Sündenfall in Vollkommenheit besaß.
Das ›*Speculum Virginum*‹ sagt: » De mensche en mac gode niet geliken
hoe volcomen dat hi oec van leven is.« (461v) Hier erscheint das ›*Speculum
Virginum*‹ realistischer oder konkret-pragmatischer, nicht so philosophisch-

idealistisch wie das ›Sankt Trudperter Hohe Lied‹.

Die Ausführungen des ›Speculum Virginum‹ gipfeln in der Aussage, daß letztlich die Einwohnung Christi im Herzen des Menschen den Menschen reinigt und heiligt, der Empfang der Geistesgaben bildet lediglich eine Vorbereitung dazu. Die Geistesgaben werden nicht durch Christus vermittelt, sondern gehen direkt von Gott aus. Er ist der einzige, der alle Gaben und Kräfte von sich aus besitzt, ohne daß er es nötig gehabt hätte, sie von irgendjemandem zu empfangen. Er ist aus sich selbst heraus das Prinzip des Lebens, Christus dagegen ist abhängig von ihm, der Heilige Geist geht von Gott aus. Der Verweis auf Gott als dem alleinigen *principium* zeigt sich im ›Speculum Virginum‹ stärker als im ›Sankt Trudperter Hohen Lied‹. Hier wird insgesamt eine dem ›Sankt Trudperter Hohen Lied‹ gegenüber unterschiedliche Trinitätslehre zugrunde gelegt, denn dies sieht eher die Ebenbürtigkeit innerhalb der Trinität. Im Mittelalter existierten jahrhundertelang Streitigkeiten bezüglich der Rangfolge der trinitarischen Gottheiten, auf dem Konzil von Nicäa 325 ging es ja speziell um die Frage, ob der Heilige Geist vom Vater oder vom Sohn ausgehe.[9] Eventuell schlagen sich in unseren beiden Werken hier auch verschiedene Strömungen dieses Denkens nieder. Dabei würde das ›Speculum Virginum‹ eine wesentlich orthodoxere Auffassung vertreten als das ›Sankt Trudperter Hohe Lied‹. Aber das nur nebenbei.

Zum Schluß noch ein paar Bemerkungen zur stark pragmatischen Komponente in der Deutung der sieben Gaben des Heiligen Geistes:

Bezüglich der Frage nach dem Unterschied zwischen *sapientia* und *scientia* wird beispielsweise ausgeführt, daß der Mensch die Weisheit unmittelbar durch den Heiligen Geist erhält, das Wissen hingegen durch fleißiges Bemühen und Erfahrung. Gnade Gottes und menschliches Mitwirken gehören immer zusammen. Dieser Gedanke bietet natürlich immer wieder den Anhaltspunkt für moralische Impulse, für Aufforderungen zur Askese, die im ›Sankt Trudperter Hohen Lied‹ in diesem Ausmaße fehlen.

Ein weiteres Beispiel für eine solche moralisch-pragmatische Anwendung der Geistdefinition bildet die Gabe der Demut, mittelniederländisch *goddienstachticheit*. Es heißt im 11. Buch des ›Speculum Virginum‹: »Goddienstachticheit is een behulpelike toeneygelicheit mit soeticheiden des ge-

---

9 Bernhard Lohse, *Epochen der Dogmengeschichte*, Stuttgart 1963, 231.

moedes tot allen menschen ende is een anleidster ende een *moder alre doechden.*« (590v) Die Demut erscheint als Mutter aller Tugenden. Der Verweis auf tugendhaftes Handeln darf nicht fehlen. Selbst die Liebe existiert nicht per se, auch sie entspringt allein aus der Wurzel der Demut. Somit kommt der Mensch nicht umhin, sich um demütiges Wesen und Handeln zu bemühen.

Anders auch als das ›Sankt Trudperter Hohe Lied‹ verweist das ›Speculum Virginum‹ nachdrücklich darauf, daß die Gaben des Geistes über die individuelle Erfüllung hinaus der ganzen Kirche gegeben werden. Es wird ein Bogen geschlagen von den alttestamentlichen sieben Gaben aus Jesaja zum paulinischen Gemeindebild des ersten Korintherbriefes, in dem Paulus das organische Zusammenwirken der einzelnen Geistesgaben zu einem lebendigen Kirchenaufbau beschreibt. Im Gegensatz zum ›Sankt Trudperter Hohen Lied‹, das den heilsgeschichtlichen Bezug der sieben Gaben in der Wiederherstellung der Schöpfung betont, legt das ›Speculum Virginum‹ Wert auf den pragmatischen Bezug eines lebendigen, geistlichen Funktionierens der Kirche. So heißt es auch von der Demut, sie versammle die Kinder der Kirche unter ihren Flügeln wie die Henne die Küken. Der Mensch ist verpflichtet, die Gaben des Geistes zur Entfaltung zu bringen um des Lebens der Kirche willen, um eine wichtige Ergänzung im Organismus der Kirche darzustellen.

Insgesamt wird auch hier deutlich, daß das ›Sankt Trudperter Hohe Lied‹ stärker das Einzelindividuum im Blick hat, nicht von ungefähr beinhaltet es auch wesentlich mehr mystisches Gedankengut, liebt mystische Sprache und Metaphern, Mystik und Subjektivismus beziehungsweise Individualismus gehören sicher stark zusammen -; das ›Speculum Virginum‹, das eine wesentlich trockenere, diskursive Sprache wählt, sieht viel stärker den - wenn auch spannungsreichen - Zusammenhang zwischen individueller Entfaltung des Einzelnen und verantwortlichem Eingebundensein in die Gemeinschaft der Kirche, wobei, wie gesagt, der paulinische Kirchenbegriff zugrundegelegt wird.

Das Buch 11 des ›Speculum Virginum‹ schließt mit einem Preis des Gottessohnes, seiner Kraft und seiner Sündenlosigkeit, wobei aber großer Wert auf sein Mensch-Sein gelegt wird. Er ist Gott-Mensch, ein kleiner Exkurs legt eine kurze Zwei-Naturen-Lehre dar.

Die Darstellung der sieben Gaben des Heiligen Geistes wird in zwei Schritten zusammengefaßt:

a) in diesen Gaben liegen Vollkommenheit und Fülle aller Gaben Gottes;

b) und dies ist jetzt wieder bezeichnend: in diesen Gaben liegen alle Arten der Tugenden inbegriffen.

Die sieben Gaben sind lediglich Voraussetzung zu tugendhaftem Leben, dies wird nochmals stark hervorgehoben. Sie werden - darauf wurde oben kurz hingewiesen - mit einer siebenstufigen Leiter verglichen, deren unterste Stufe die Furcht darstellt, die oberste Stufe bildet die Weisheit. Dies fehlt (selbstverständlich) im ›Sankt Trudperter Hohen Lied‹. Der Mensch kann nur über die Furcht Gottes zur Weisheit aufsteigen, keine Stufe kann übersprungen werden. Während der Mensch diese Leiter zum Aufstieg benutzen sollte, diente sie Christus dazu, auf ihr zu den Menschen herabzusteigen. Der Aufstieg dieser Leiter bedeutet schrittweisen Tugendgewinn. Wenn jemand hinter dieser Forderung zurückbleibt, so hilft ihm Christus, der das Haupt der Kirche ist. Der Mensch wird hier stärker in seiner Unvollkommenheit gesehen, er bedarf trotz Empfangs der Geistesgaben der Hilfe Christi. Dieser Gedanke fehlt weitgehend im ›Sankt Trudperter Hohen Lied‹, das die Vervollkommnung, die Vergöttlichung des Menschen eher als möglich ansieht. Theologisch betrachtet, würde man hier von gnostischem Einfluß im ›Sankt Trudperter Hohen Lied‹ sprechen.

Das 11. Buch schließt mit einem Verweis auf die Trinität, wobei Gott wieder als Ausgang aller Kraft und Gewalt, Christus als Erlöser gesehen wird, beide regieren und behüten den Menschen mit dem Heiligen Geist des Lebens.

Zusammenfassend läßt sich feststellen, daß das ›Speculum Virginum‹ in stärkerem Maße von einer dualistischen Welt- und Lebenssicht ausgeht als das ›Sankt Trudperter Hohe Lied‹. Folgende Begriffe werden im gesamten ›Speculum Virginum‹ immer wieder unvereinbar einander gegenübergestellt: Ewiges - Zeitliches, Welt - Kloster, Zerstreuung - Konzentration, Jenseitiges - Diesseitiges, unsichtbar - sichtbar, himmlisch - irdisch etc. Schon der Prolog zeigt ein stark paulinisch geprägtes Selbst- und Rollenverständnis des Verfassers, so sind auch wohl die genannten Antinomien auf paulinische Dualität zurückzuführen. Auch stießen wir immer wieder auf den paulinischen Kirchenbegriff. Im ›Sankt Trudperter Hohen Lied‹ dagegen wird eher synthetisch, ganzheitlich gedacht. Auch stellt das ›Speculum Virginum‹

eher einen pädagogischen Traktat dar, das ›Sankt Trudperter Hohe Lied ‹ erweist sich als philosophisch-theologische Abhandlung, die einen stark neu- platonischen Einfluß aufweist.

Werfen wir zum Schluß nochmals einen Blick auf den Titel dieses Ver- gleichs: Mystik und Askese. Von Mystik ist im ›Sankt Trudperter Hohen Lied‹ viel die Rede, von Askese wenig, das ›Speculum Virginum‹ dage- gen gebraucht mystisches Gedankengut - einmal so allgemein ausgesagt - lediglich um seines Zieles willen, zur Askese anzuregen. Beide Bücher wei- sen interessante Parallelen auf, von einer geistigen Verwandtschaft ist aber nur sehr bedingt zu sprechen, von einer direkten Abhängigkeit erst recht nicht. Es wäre allerdings zu untersuchen, ob nicht der stark moralisierende Epilog des ›Sankt Trudperter Hohen Liedes‹ einen späteren Zusatz dar- stellt, geschrieben von einem dem Gedankengut des ›Speculum Virginum‹ nahestehenden Verfasser.

Versinnlichte Transzendenz bei Mechthild von Magdeburg

Margot Schmidt (Eichstätt)

Johann Frawenlob erwähnt in seiner Schrift ›Die lobwürdige Gesellschaft der gelehrten Weiber‹ von 1631/33 Mechthild von Magdeburg (ca. 1208 - 1282/83) unter Hervorhebung ihres prophetischen Geistes.[1] Sie war einer gebildeten Welt noch im 17. Jahrhundert bekannt. In ähnlicher Weise rühmten sie ihre zeitgenössischen Bewunderer, die in der lateinischen Vorrede zu Mechthilds volkssprachiger Niederschrift ›Das fließende Licht der Gottheit‹ diese mit den Prophetinnen des Alten Testamentes, Deborah und Olga, verglichen.[2] Heute ist diese herausragende Gestalt der deutschen Mystik des Mittelalters über den engeren Fachkreis hinaus einem größeren Publikum immer noch zu wenig bekannt. Doch hat ihr singuläres Buch die Gemüter im 13. Jh. erregt und die Geister geschieden. Mächtige Freunde und Ratgeber, wie die Legitimation der Hallenser Dominikaner in der lateinischen Vorrede bezeugt, machen auf die Bedeutung und Ungewöhnlichkeit des Buches aufmerksam. Ihre Feinde und Neider werden so irritiert, daß gerade die angeblich Frommen tuscheln: »Was eigentlich ein solches Deutsch soll «.[3] Ihre Aufzeichnungen stehen zwischen Scheiterhaufen und Bewunde-

---

1 Ed. von Elisabeth Gössmann, in: *Archiv f. philosophie- und theologiegeschichtliche Forschung* Bd. 2, München 1985, 49-83, bes. 74f. Abdruck der Textstelle über Mechthild auch bei Margot Schmidt, » *die spilende minnevluot«*. Der Eros als Sein und Wirkkraft in der Trinität bei Mechthild von Magdeburg, in: *»Eine Höhe über die nichts geht«. Spezielle Glaubenserfahrung in der Frauenmystik?* hrsg. von M. Schmidt und Dieter R. Bauer, Stuttgart-Bad Cannstatt 1986, 82, Anm. 34. (Mystik in Geschichte und Gegenwart. Texte und Untersuchungen I,4). Zum Prophetentum Mechthilds vgl. Marianne Heimbach, » *Der ungelehrte Mund« als Autorität.* Mystische Erfahrung als Quelle kirchlich-prophetischer Rede im Werk Mechthilds von Magdeburg, Stuttgart-Bad Cannstatt 1989 (Mystik in Geschichte und Gegenwart I/6).

2 *Revelationes Gertrudianae ac Mechthildianae II. Sanctae Mechthildis virginis s.* Benedicti *Liber specialis gratiae*, accedit sororis Mechthildis ... *Lux Divinitatis*, editum Solesmensium OSB monachorum cura et opera, Paris 1877, 435.

3 Alle zitierten Texte habe ich mit der handschriftlichen Überlieferung verglichen, im Einzelfall konnte ich mich auf die bevorstehende neue Edition von Hans Neumann, Göttingen, stützen, wofür ich H. Neumann aufrichtigen Dank sage. Formal zitiere ich nach der Ausgabe von P. Gall Morel, *Offenbarungen der Schwester Mechthild von Magdeburg oder das fließende Licht der Gottheit*, Regensburg 1869, Nachdruck Darmstadt ³1980, (= M), 39,32ff: »Dú rinder essent doch ir strov wol; wan etteliche, die schinent gottes kinder und stossent sich doch *also* ungebundenú rinder in dem vinsteren stalle und sprechent, was inen sogetan getúsche soelle, es si von muotwillen gedaht und in valscher helikeit vúrbraht«(II,19).

rung, aber sie fährt fort zu schreiben. Und worüber schreibt sie? Geradezu
zwanghaft, aber auch auf Rat ihres Beichtigers Heinrich von Halle, bannt
sie die persönliche Erfahrung der beseligenden, wie erschreckenden Ekstasen
des » fließenden Lichts der Gottheit« in eine Sprache, die dem Leser seine
überwältigende Kraft verlebendigt und zugleich Geist, Empfindung und immerwährende Bewegung als Ausdruck göttlichen Wirkens im Menschen versinnlicht und dabei eröffnet: Hier geht es um die Totalität des Menschen, die
Verstand und Sinne, Intellekt und Herzenskraft betroffen machen und bis
zum Letzten herausfordern. Die existentielle Betroffenheit ist der Ausgangspunkt ihres Schreibens, das den Charakter einer Verkündigung bekommt.
Zu ihrer Verkündigungsaufgabe vernimmt Mechthild im Anklang an Paulus
(2 Kor 3,2-3) die Worte Christi: »Ich sage dir wahrlich, in diesem Buche
steht mein Herzblut geschrieben«.[4] Wie der Märtyrer mit seinem Blute für
die Wahrheit bezahlt, bezeugt Mechthild mit ihrem Buche in vielfältiger
Weise das unblutige Martyrium der Gottesliebe. Ihre Aussagen hierüber offenbaren den Reichtum einer virtuos gehandhabten, zum Teil urtümlichen
Sprachgewalt, mit der sie die unvergleichlichen inneren Erfahrungen ihrer
intensiven gottmenschlichen Liebesbeziehung ins Wort bannt. Aus ihnen
kann ich hier nur exemplarisch einige Proben bieten, die in das gedankliche
Zentrum ihrer Niederschrift führen.

Das Eigentümliche ihrer Aussage ist, die hohe Stufe der unsinnlichen
Gottesliebe mit all ihren Implikationen in überaus anschaulichen Bildern
zu versinnlichen, die in der Art ihrer Anwendung zugleich die Schärfe des
Gedankens pointieren und gelegentlich den Eindruck einer unmittelbaren
Spontaneität erwecken. Dennoch steht hinter ihren Bildern und Figuren
eine lange Tradition und Kultur, die Mechthild jedoch - wie übrigens auch
Hildegard von Bingen, wenn auch in ganz anderer Weise -, aufgrund ihrer
geistigen Selbständigkeit in ihrer Plastizität und differenzierten Anwendung
neu zum Leuchten bringt.

Meine Auswahl beschränkt sich

1. auf die sinnliche Vorstellung vom Duft unter den Wörtern: *smak,
smaken (smekken), balsam, rúche* und *desemvas* (3x);

---

4 M 167,21ff.: » Ich sage dir werlich«, sprach únser herre, » in disem buoche stat min
   herzebluot geschrieben, das ich in den jungesten ziten anderwarbe *wil* giessen«(V,34).

2. das Bild der Braut;

3. die akustische Vorstellung der Musik.

1. Die Vorstellung des Duftes

Ich beginne mit dem Wort *desemvas*: Duftgefäß.[5] Es kommt in verschiedener Anwendung dreimal vor: in Verbindung mit Christus, mit Maria und in Verbindung mit dem Teufel in einer Höllenschau, eine Akzentuierung, die nicht zufällig zu sein scheint.

M 16,14: »sit das here *desemvas* so sere verworfen und angespiet wart, was sol denne dem essichvasse geschehen, da nút guotes inne von im selben ist?« (I,31)

Für den Gebrauch des Duftbildes ist folgende Kenntnis notwendig: Im alten Orient waren Wohlgerüche nicht allein Genußmittel, sondern Lebensbedürfnisse. Teils in flüssiger Form, teils als Räucherwerk waren sie sowohl im Privatleben als auch im religiösen Kult von Wichtigkeit. Dies ist die Voraussetzung, um den biblischen und liturgischen Sinn zu verstehen, wie er sich im Christentum entwickelte. Die alttestamentlichen Wohlgerüche des Weihrauchs, der Myrrhe und Aloe, aber auch des Balsams und der Narde (Buch Ex c.30, Hl 1,11; 4,14, Sirach 24,20f.) haben ihre gemeinsame Symbolik darin, daß der Wohlgeruch etwas überaus Feines, Geistliches ausdrückt, das nur mit dem inneren Sinn erfaßt werden kann. Bei der Taufe zum Beispiel erschließt sich dieser Sinn dem Christen bei der Salbung des duftenden Chrisam(öles) mit den Worten:[6] » Tu dich auf (Epheta) zum lieblichen Wohlgeruch«, um ihn damit für den Einfluß des göttlichen Pneumas und für den »Hauch aus Gottes Kraft« aufnahmefähig zu machen. Gregor von

---

5 Das bei Mechthild verhochdeutschte Wort: *trisemvas* = ahd. *pisimuaz, olfactiriolum pisamuaz, olfactoria* nach E.G. Graff, *Althochdeutscher Sprachschatz* III, Berlin 1837, Nachdruck Darmstadt 1963, 730. Vgl. L. Diefenbach, *Novum Glossarium Latino-Germanicum mediae et infimae aetatis*, Frankfurt a.M. 1867, Nachdruck Aalen 1964, 271a. Der lat. Text übersetzt das dreimal vorkommende Wort mit: *vas electionis et gloriae* (I,3), *vas honorabile* (II,3), *olfactoria* (III,21).

6 Myron/Chrisam ist ein Gemisch aus Olivenöl und wohlriechenden Spezereien, in den orientalischen Kirchen gibt es bis zu 40 verschiedene Sorten. Es wurde am Gründonnerstag eigens in der »Missa chrismatis« geweiht und dient als Sakramentale bei der Taufe, der Firmung, der Bischofsweihe und Kircheneinweihung.

Nyssa sagt: »Der Duft der göttlichen Salben ist keine Empfindung des Ge-
ruchssinnes, sondern einer intellektuellen, unmateriellen Fähigkeit, die mit
dem geistigen Atemzug den Wohlduft Christi aufnimmt«.[7] »Dieser Duft
... ist ein unvergleichlicher Genuß, der alle uns bekannten (sinnfälligen)
Wohlgerüche übersteigt.«[8] So ist bereits bei Paulus, 2 Kor 2,14-16 der nicht
verborgene Duft Christi ein Zeichen der Erkenntnis und des Lebens: »Wir
sind alle Christi Wohlgeruch, da er durch uns den Duft seiner Erkenntnis
allerorts verbreitet«. Bei Paulus ist bereits der Duft christologisch geprägt.
Viel stärker wird diese Sinngebung entfaltet in der Liturgie, grundgelegt
bei Ps. Dionysius in der symbolischen Deutung des Myron,[9] die von vielen
Kommentatoren bis ins Mittelalter hinein in mystischer Auslegung fortent-
wickelt wird. Darnach ist Christus der »Urwohlgeruch« und zugleich Quelle
und Ursache der Eigenschaft des Wohlgeruchs in allen wohlriechenden Stof-
fen. Es war antiker Brauch, Duftessenzen in Alabastergefäßen aufzubewah-
ren. Wenn bereits Ps.-Dionysius den »süßen Geruch« oder »Wohlgeruch«
christologisch deutet, dann gehen seine Kommentatoren in mystischer Auslegung einen Schritt weiter und verstehen Christus als Weihrauchgefäß, als
den herabgestiegenen wohlduftenden Christus, der in seiner Selbsthingabe
als menschgewordener göttlicher Logos die Wohltaten Gottes verbreitet.[10]
Der Gebrauch von Weihrauch und des duftenden Chrisamöles hat daher in
der liturgischen Tradition neben dem Sinn des Schmuckes und des Ehren-
zeichens vor allem eine christologische Bedeutung.

Vor diesem liturgischen Traditionshintergrund, der sich weiter präzisie-
ren ließe, bedeutet die Mechthildstelle in I,31: Christus als das erhabene
kostbare Duftgefäß (*here desemvas*) in Verbindung mit der Passion in der
näheren Beschreibung: »das so arg verworfen und angespien wurde«, seine
nicht erkannte Gottheit, die in hingebender Liebe bis zur Erniedrigung im
Kreuzestod als »verborgener, süßer Duft der Versöhnung, der Unsterblich-

---

7 *In Cant. hom.* 1, PG 44, 780.

8 *Ebd.*, col. 782.

9 *De Ecclesiastica Hierarchia* IV,4.

10 Jakob Thekeparampil, *Weihrauchsymbolik in den syrischen Gebeten des Mittelalters
und bei Pseudo-Dionysius*, in: *Typus, Symbol, Allegorie bei den östlichen Vätern und
ihren Parallelen im Mittelalter*, hrsg. von Margot Schmidt in Zusammenarbeit mit
C.F. Geyer (Eichstätter Beiträge Bd.4, Abt. Philosophie und Theologie) Regensburg
1982, 131-145. Über das Bild vom Wohlgeruch, um die göttliche Gegenwart oder das
Heilige sinnlich faßbar zu machen, vgl. Margot Schmidt, »*Deiformis operatio*«, in:
Grundfragen christlicher Mystik, hrsg. von Dies. und Dieter R. Bauer, Stuttgart-Bad
Cannstatt 1987, 229f. (Mystik in Geschichte und Gegenwart I,5).

keit« ausströmte im Gegensatz zu den Rauchopfern des Alten Testamentes, die nur Schatten und Figuren waren gegenüber dem Selbstopfer Christi als Erlösung und Wahrheit. Das von Mechthild verwendete Bild ist also ein konzentriertes christologisches Symbol, das sie sich zur eigenen Sinngebung vor Augen hält, wenn sie schreibt: »Ich wurde überaus verachtet!« Das sprach unser Herr: »Wundere dich nicht allzuviel; seitdem das erhabene, kostbare Duftgefäß so arg verworfen und angespien wurde, wie soll es da dem Essigfaß ergehen, das nichts Eigengutes in sich selber hat«?[11] Das »kostbare Duftgefäß« als Versinnlichung der erlösenden Liebeskraft der Gottheit Christi steht im Kontrast zum »Essigfaß« als Zeichen der erlösungsbedürftigen menschlichen Natur, denn ihr ermangelt von sich aus die göttliche Süße oder der süße Duft der göttlichen sich hingebenden Natur. Das *»here desemvas «* und *» essigvas«* stehen für Heil und Erlösung einerseits und Unerlöstheit andererseits, wobei im Duft auf subtile Weise das aus der Transzendenz bewirkte Heil in seiner Durchdringung des Irdischen versinnlicht wird, so daß sich Übersinnliches und Sinnliches vereinen. Einen solch übergreifenden oder die Sphären umfassenden Bedeutungsgehalt hat Friedrich Ohly schon in seiner Studie vor 20 Jahren, 1969, über Verwendung und Gehalt des ahd. Wortes *suazi* treffend herausgearbeitet.[12] Daß sich ähnliche Inhalte einer »geschlossenen Fülle« (Ohly) gerade in mystischen Texten wiederfinden, liegt auf der Hand. Die hier vorliegende Antithese enthält jedoch zugleich implizit die Aufforderung der imitatio Christi, in der sich das Zurücklassen alles Irdischen und das Begehren der » Gottesfremde« in erlösende Liebe und Lobpreis verwandeln.

Die zweite Anwendung des Bildes vom » Duftgefäß« (*desemvas*) veranschaulicht die Aufgabe Mariens als Gottesgebärerin. Weil sie neun Monate den Gottessohn trug, strömt sie durch ihn göttlichen Duft aus, wie Mechthild es in einer Schau erklärt: »Da wart ouch gesehen das selbe *here desemvas*, da Christus nún manot in sas mit sele und mit libe, als si iemer sol beliben ...«.[13] Die herausgehobene Stellung der Jungfrau Maria, die Mecht-

---

11 M 16,13 (I,31).

12 Friedrich Ohly, *Schriften zur mittelalterlichen Bedeutungsforschung*, Darmstadt 1977, 93-127 (Die geistige Süße bei Otfried, 1969). Jetzt jüngst auch Ders., *Süße Nägel der Passion. Ein Beitrag zur theologischen Semantik*, Baden-Baden 1989.

13 M 29,1f. (II,3). Die Vorstellung, daß Maria durch das neunmonatige Austragen des Gottessohnes nicht nur zur » ganz heiligen Wohnung« wird, sondern süßen Duft ausströmt, kennt Rupert von Deutz in seinem Hld.-Kommentar in Verbindung mit der gen. Paulusstelle 2 Kor 2, 14-15. In Cant. Cant. I: » ... ut totum sanctum fierit habitaculum (Maria) in quo Deus totis nouem mensibus habitaret ... Et quia cum tanta

hild durch zahlreiche Bilder und Anrufungen verdeutlicht,[14] wird in der
Aussage als *here desemvas* sprachlich und sachlich aufs engste und genaue-
ste mit Christus verknüpft, so daß diese Verschmelzung allein durch die
Gottesmutterschaft begründet und christologisch geprägt ist. Die Aussage
über Mariens Aufgabe erscheint in der Versinnlichung des sich verströmen-
den Duftes als Mittlerin aller Gnaden in der Betonung: »die immer bleiben
wird« (*als si iemer sol beliben*) viel zarter und zugleich durchdringender als
die sachlich ähnliche Aussage in Mechthilds Bildern der Maria lactans als
nährende und lebenswichtige Spenderin des göttlichen Wortes, mit denen
Maria bereits die Propheten gespeist hatte, dann die Apostel nährte und
später die ganze Kirche erhalten wird. Diese gegenwärtige und zukünftige
Aufgabe ist in der Versinnlichung Mariens als immerbleibendes »kostbares
Duftgefäß« gemeint; sie wird indirekt in dieser Funktion als immerwährende
Hilfe und Mittlerin gepriesen.

Das intensive Bild des beseligenden und stärkenden Gottesduftes durch
Maria kennt auch der Marienpreis Konrads von Würzburg: » din süezer
smac sich waehet: / er riuchet unde draehet/ für balsem unde für den bi-
sem«.[15]

Gelegentlich verschmilzt die Jungfrau Maria mit dem Bild der Jungfrau
Kirche. In der allegorischen Kirchenvision in IV,3 wird zunächst das Fundament der Kirche als ein Stein (Fels) gleich einem aus sich selbst gewachsenen

---

dulcedine amoris pretiosa plenae gratiae simul infusa sunt charismata, quae ceteris
ab eodem Spiritu dispartiuntur sanctis et electis, recte *ubera* illa dixeris *fragrantia
unguentis optimis* ... quae qui habent, boni odoris sunt et suauiter fragrant, sicut
ungentium optimum. Vnde Apostolus: *Deo gratias,* inquit, *qui semper triumphat nos
in Christo Iesu, et odorem notitiae suae manifestat per nos in omni loco, quia Christus
bonus odor sumus Deo.* Corpus Christianorum (= CC) t.XXVI, 12,77ff. Bernhard
v. Clairvaux veranschaulicht Maria als Quelle aller Gnaden unter dem Bilde des Duftes, der von ihr als dem » Wonnegarten« auf alle ausströmt. Vgl. O. Stegmüller/H.
Riedlinger, *Bernhard von Clairvaux,* in: *Marienlexikon* Bd. 1, St. Ottilien 1988, Sp.
447.

14 Margot Schmidt, *» Maria Spiegel der Schönheit«* Zum Marienbild bei Hildegard von
   Bingen und Mechthild von Magdeburg, in: *Maria für alle Frauen oder über allen
   Frauen?* Hrsg. von Elisabeth Gössmann und Dieter R. Bauer, Freiburg 1989, 86-
   115. - Dies. *Maria, die »weibliche Gestalt der Schönheit des Allerhöchsten«* Zum
   Marienbild in Texten der Mystiker des Mittelalters, in: Marianische Schriften des
   Internationalen Mariologischen Arbeitskreises, Kevelaer (im Druck).

15 Konrad von Würzburg, *Die goldene Schmiede* 191ff., hrsg. von E. Schröder, Göttingen
   1926.

wohlgestalteten Berge christologisch gedeutet, denn der Stein ist Christus,
nun wiederum in Verbindung mit der Vorstellung des Duftes, denn dieser
Stein/Christus »smakkete vil suesse von edeln himmelschen wurzen« (er
duftete überaus süß von edlen himmlischen Gewürzen) als Umschreibung für
die nährende sakramentale Gnadenfülle Christi. Im Fortlauf scheint dann
das Bild der Jungfrau Kirche mit der Jungfrau Maria zu verschmelzen, deren Füße mit einem Jaspis geschmückt sind. Von diesem Edelstein heißt
es: »er git ouch reinen smak (*odor*) und reisset den heiligen hunger ...
Dirre edelstein das ist cristan geloube«.[16] Der gedankliche Kern dieser Allegorie ist: sowohl die Kirche als auch Maria verströmen den reinen Duft
(*smak*) in der Unversehrtheit des Glaubens, deswegen ist der Duft rein. So
wie Maria in ihrem Glauben nicht gewankt hat, ist auch die Kirche gehalten, den Glauben unversehrt zu bewahren; nur dann geht von ihr »reiner
Duft« aus, der den heiligen Hunger nach Vertiefung des Glaubenslebens
anstachelt. Indirekt liegt in dieser Allegorie eine Kirchenkritik im Hinblick
auf die Veruntreuung des Glaubens, des Glaubenslebens, die Mechthild an
anderen Stellen weit direkter anprangert, wenn sie über die »verboesete
cristanheit« klagt. Ferner klingt hier vielleicht ein Gedanke von Augustinus nach,[17] der über den speziellen Sinn der Narde und ihren Wohlgeruch
»im ganzen Hause« sagt: wenn die Kirche auf dem ganzen Erdenkreis durch
Wort und Beispiel den Glauben lebt, verströmt sie überallhin den Duft der
lautersten Wahrheit.

Die dritte Verwendung von *desemvas* hat pejorative Bedeutung. In einer
Höllenvision werden die Sünden nach dem ius talionis bestraft. Für die geistige Sünde des Hasses als Perversion der Liebe erscheint nichts zersetzender
zu sein, als wie ein stinkendes Gefäß wie ein Zeichen der Verpestung vor der
Nase des Teufels hin und her zu schweben: »Die hie des grimmes hasses
enpflegent,/ die muessent da sin *desemvas* (*olfactoria*) wesen/ und hangent
iemer vor siner nasen«.[18] Dem gnadenspendenden heilenden Duft des Göttlichen durch Christus und Maria steht der tödliche Gestank des Teufels
gegenüber.

Diese dreifache, inhaltlich verschiedene Bedeutung von *desemvas* in der
Vorstellung des Duftes ad bonam et malam partem skizziert in geraffter

---

16 M 96,1ff. (IV,3).

17 Augustinus, *In Johannis Evangelium*, Tract. 50 n.7.8, hrsg. von D.R. Willems, CC 36
   (1954) 435,20-436,21.

18 M 84,7f. (III,21).

Weise die heilsgeschichtliche Dramatik an sich, aber auch subjektiv, wie sie
Mechthild in ihrer eigenen Erfahrung in den jeweiligen Höhen und Tiefen
erfährt bis hin zu den Teufelsversuchungen und ihren Leiden an den Zer-
setzungserscheinungen der Kirche, besonders des Klerus, von dem sie sagt:
deren »Sünden stinken zum Himmel«.[19]

Neben den mehr heilsgeschichtlich orientierten Aussagen folgen die mehr
persönlichen. Das unersättliche Liebesverlangen fängt Mechthild in An-
lehnung an Hl 1,3: »Wir wollen eilen im Dufte deiner Salben« ein mit den
Worten: »das ufruken miner sele nach dem smake (odor) diner salben «,
das ihr nie genug werden kann. Der Duft (smak) ist das Lockmittel für die
auslösende Bewegung der Erhebung und enthält den Gedanken der anzie-
henden und zugleich vorausgehenden Gnade Gottes im Sinne des Zuerst-
geliebtseins, ein Gedanke, den Mechthild verschiedentlich in anderer Weise
ausspricht, um den Ursprung jeder Ekstase und göttlichen Vereinigung jen-
seits eigener Anstrengung als reine Anziehung Gottes zu veranschaulichen.
Den Ursprung versinnlicht der Duft als göttliche Anziehungskraft. Ähnliche
Gedanken und ausführlicher spricht Bernhard von Clairvaux über das Ge-
zogenwerden vom Dufte der Salben in seinem Hoheliedkommentar aus.[20]

Umgekehrt heißt es bei Mechthild: Gott spricht zur Seele: »du rúchest
als ein balsam« (du duftest wie ein Balsam); die anschließende Klimax: »Du
leuchtest wie die Sonne,/ du bist ein Wachstum meiner höchsten Minne«
(I,16) verweist auf die Entfaltung göttlicher Gaben im Balsam, welche nach

---

19 M 178,27f. (VI,2).

20 Bernhard von Clairvaux, *Super Cantica Cant. Sermo* 21 n.11: »... currimus cum in-
ternis consolationibus et inspirationibus visitati, tamquam in suaveolentibus unguentis
inspiramus. Ergo quod austerum et durum videtur, retineo mihi, tamquam forti, tamquam sanae, tamquam perfectae, et dico singulariter: Trahe Me. Quod suave et dulce,
tibi tamquam infirmo communico, et dico: Curremus. Novi ego adolescentulas deli-
catas et teneras esse, et minus idoneas sufferre tentationes; et propterea mecum volo
ut cu rant, sed non ut mecum trahantur; volo habere socias consolationis, non autem
et laboris, Quare? Quoniam infirmae sunt, et vereor ne deficiant nec succumbant.
›Me ‹, inquit, ›o Sponse, corripe, me exerce, me tenta, me trahe post te‹, quoniam
ego in flagella parata sum, et potens ad sustinendum. Ceterum simul curremus: sola
trahar, sed simul curremus. Curremus, curremus, sed in odore unguentorum tuorum,
non in nostrorum fiducia meritorum; nec in magnitudine virium nostrarum currere nos
confidimus, sed in multitudine miserationum tuarum. Nam et si quando cucurrimus ac
voluntariae fuimus non fuit volentis, neque currentis, sed miserentis Dei. ... nos, nisi
unguenta tua spiraverint, non curremus, Tu, quem Pater unxit oleo laetitiae prae con-
sortibus tuis, curris in ipsa unctione; nos in illius odore curremus.« S. Bernardi Opera
Vol.1, Ed. J. Leclercq, C.H. Talbot, H.M. Rochais, Romae 1957, 128,12 - 128,30.

außen hin ihre Wirkungen, nämlich im Duft, erkennen lassen. Bei der Versinnlichung im Balsam, der duftet, handelt es sich um hohe geistige Werte, die Mechthild zwar an dieser Stelle nicht näher erläutert, die sich aber zum Beispiel in Bernhards Hoheliedkommentar über die » Salben des Bräutigams« zu Hl 1,3 ausführlich dargestellt finden.[21] Nach Paulus gliedert er die Salben mit ihrem Duft in die Gaben der Weisheit, der Gerechtigkeit, der Heiligkeit und der Erlösung durch Leiden, alles Gesichtspunkte, die sich bei Mechthild als Grundwerte mehr oder weniger ausführlich wiederfinden. In Verbindung mit dem Duft erscheint bei ihr der Wert der Heiligkeit in der Allegorie über den Schmuck der Braut/Seele. Sie trägt einen Mantel, »das ist das helige gerúhte«.[22] Der »heilige Geruch« als wörtliche Übersetzung wird hier zum Ruf der Heiligkeit als Wesensaussage der bräutlichen Seele, dem ursprünglich die Bedeutung des Duftes, des sinnlich Wahrnehmbaren, zugrunde liegt, womit zum Ausdruck kommt, daß es sich um eine totale, ganzheitliche, Leib-Seele-Geist erfassende Durchdringung und Ausstrahlung handelt.

Mit diesem Beispiel bin ich beim zweiten Thema angelangt.

2. Das Bild der Braut

Die Bildsprache von Braut und Bräutigam ist kein Kunstgriff oder sprachliche Poetisierung, sondern Ausdruck der *Imago-Dei*-Lehre, der Gottfähigkeit des Menschen. Sie besagt, daß der Mensch mehr als nur Leib ist und nicht im reinen Menschsein aufgeht, sondern anlagemäßig unter der Gnade des göttlichen Eros steht. Den Gedanken der Gottwerdung im Menschen spricht schon früh Klemens von Alexandrien aus, und nach ihm präzisiert, wie bekannt, Athanasius den für die Mystik bedeutsamen Satz: »Gott ist Mensch geworden, damit der Mensch Gott werde.«[23] Aufgrund dieses nur dem Christentum eigentümlichen inkarnatorischen Prinzips offenbaren die

---

21 Bernhard v. Clairvaux, *ebd.*, *Sermo* 22 n.9: »En quatuor unguenta assignata habetis: primum sapientiae, secundum iustitiae, tertium sanctificationis, quartum redemptionis.«136,9f.

22 M 23,31 (I,46).

23 Athanasius hat in seinen *Reden gegen die Arianer* wiederholt die Auffassung vertreten, Gott (das Verbum) ist Mensch geworden, damit der Mensch vergöttlicht werden kann, z.B. *Oratio contra Arianos* II n.59: Quod ut fieret, Verbum caro factum est, ut hominem ad divinitatem recipiendam idoneum redderet (PG 26) col. 274A; III n.38: sed potius Deus cum esset, carnem assumpsit, et cum esset in carne, carnem ipsam divinam reddidit, ebd. col. 403C sq.; III n.39: At si Verbum venit ut hominum ge-

Aussagen christlicher Mystiker nicht selten die Übereinstimmung von Erotik und Religiosität. Solange in Traktaten und Hymnen die Gottesliebe mit den erotischen Bildern des ›Hohenliedes‹ erklärt wird, nimmt man diese Darstellung als poetischen Ausdruck hoher Redekunst hin. Kommt die gleiche Sprache aber im persönlichen Zeugnis, wie bei Mechthild oder im Umgang zweier Menschen wie in Briefsammlungen vor, gerät diese Anwendung für den Leser nicht selten ins Zwielicht. Hier trifft sich, wenn auch von verschiedenen Ausgangspunkten her, die Auffasung mancher Theologen und Positivisten, daß Eros und Mystik einander ausschließen. Frömmigkeit, die sich ins Gewand einer erotischen Sprache kleidet, sei gar keine Frömmigkeit, sondern eher das Gegenteil.

Wenn es einem nicht den Atem verschlagen soll, in welch unbefangener Weise bei Mechthild oder in Briefsammlungen des Mittelalters die Sprache des ›Hohenliedes‹ eingegangen ist, muß man die lange Auslegungsgeschichte des ›Hohenliedes‹ und den mehrfachen Schriftsinn kennen und berücksichtigen und wissen, daß das Bild von Braut und Bräutigam einen übergeschlechtlichen Habitus veranschaulicht, der die hohe Beziehung der Liebe zwischen Mensch und Gott mit dem begrenzten Mittel der sinnlichen Spracheinkleidung in all ihren Vor- und Nachteilen zu erklären versucht, soweit es dem jeweiligen Autor möglich ist. - Bernhard entwickelt am Text des ›Hohenliedes‹ die *Imago-Dei*-Lehre in einem fortlaufenden Kommentar durch gelegentlich verhüllte Eigenerfahrung, mehr aber noch durch Fremderfahrung vor allem biblischer Personen.[24] Ein Jahrhundert später bei Mechthild von Magdeburg nimmt die Brautmystik als Entfaltung der *Imago-Dei*-Lehre eine viel direktere und radikalere Form an aufgrund der Eigenerfahrung. Wie Bernhard stützt sich Mechthild in ihren zentralen Aussagen über Gott auf 1 Jo 4,16: »Deus caritas est«, so daß bei ihr, wie bei allen Schriften der Mystiker, Gott als die Liebe konstitutiv ist und das Liebesgebot als das höchste und erste Gebot eingefordert wird. Im 83. Sermon seiner Hoheliedpredigten erklärt Bernhard in Anspielung auf 1 Jo 4,16 emphatisch: »Der Bräutigam, Gott selbst nämlich, ist die Liebe, so hab ich es gelesen. Ich habe nicht gelesen, daß Gott die Ehre oder die Würde sei, sondern die Liebe«. Deswegen entschlägt sich die Braut aller anderen Gefühle und gibt sich total hin. Die reine Hingabe macht sie zur Braut; -

---

nus reddimeret, atque ut sanatos illos et divinos redderet caro factum est, col. 407A. Ebenso: *Oratio* II n.47, col. 247B; II n.70, col. 295B; III n.33,34, col. 394A; 398B, und öfter.

24 Vgl. Ulrich Köpf, *Religiöse Erfahrung in der Theologie Bernhards von Clairvaux*, Tübingen 1980.

sie ist »keine Liebe in Brot und Lohn«.[25]

Das Eigentümliche der Brautschaft bei Mechthild ist, daß sie, im Unterschied zu Bernhard, der das Mysterium strictissimum der Trinität aus dem Kreis des Erfahrbaren ausschließt, erstaunlicherweise ihre eigene Erfahrung in dieses Mysterium als der Urkraft des Eros und der Brautschaft einbringt. Wie Bernhard geht sie vom 1. Johannesbrief 4,8 aus: Gott antwortet ihrer Seele: »Daß ich dich innigst liebe, habe ich von Natur, weil ich die Liebe selber bin«.[26] Diesen Gott der immer zuvorkommenden Liebe nennt Mechthild mit dem Hapaxlegomenon »die spilende minnevluot«, präzisierend auf die drei Personen: »drierleie spilunde vluot«, das heißt, die Trinität selbst steht unter dem Gesetz des Eros im Lieben, Erkennen und Verherrlichen; sie ist die überwältigende Urkraft des Eros schlechthin und versinnlicht diese gegenseitige Durchdringung der Personen wie die Identifikation mit dem Eros. Er ist das begründende dynamische Prinzip für jedes Sein und Wirken, sowohl für das innergöttliche wie für das menschliche.[27] Die »spilende minnevluot« der Trinität wird zur Ursache für das Brautschaftsverhältnis zwischen Gott und Seele.

Die Kraft des Eros geht von Gott aus und verursacht in der Braut das Fließen der Sehnsucht (gerunge). Aus der Konfrontation von Irdisch und Himmlisch, von höchster Beseligung und tiefstem Leid entsteht eine Wachheit und Sensibilität gegenüber der eigenen Natur, die Mechthilds bohrende Frage über Ursprung und Ziel nicht zur Ruhe kommen lassen: »Woraus bist du erschaffen, o Seele, daß du so hoch steigst über alle Kreaturen?«[28] Aufgrund eines ihr offenbarten trinitarischen Verwandtschaftsverhältnis versteht Mechthild die Erschaffung des Menschen als Braut und damit die Eröffnung des Brautverhältnisses zwischen Mensch und Gott. Seine erweckende Kraft liegt in dem ermutigenden Hinweis auf den unzerstörbaren göttlichen Adel der Ebenbildlichkeit im Menschen und seine Bestimmung,

---

25 Bernhard von Clairvaux, *Super Cantica Cant.*, Sermo 83 n.4: »Adde quod iste sponsus non modo amans, sed amor est. Numquid honor? Contendat quis esse; ego non legi. Legi autem quia deus caritas est, et non quia honor est legi.« Ebd. (wie Anm.20) vol.2, S. 300,12-14 und 301,17ff.

26 M 13,22ff: Das ich dich sere minne, das han ich von miner nature, wan ich selbe bin die minne (I,24). Vgl. M. Schmidt, »die spilende minnevluot ...« (wie Anm. 1) 74f.

27 Margot Schmidt, »die spilende minnevluot« Ebd. 76.

28 M 11,32: »Wa von bist du gemachet sele, das du so hohe stigest über alle creaturen...?«(I,22).

Gott wieder ähnlich zu werden. Von ihrem trinitarischen Konzept her spricht
Mechthild daher von der »Braut des Vaters«, der »Braut seiner Menschheit «
- nie spricht sie von der »Braut Christi«oder »der Braut des Sohnes«, der
»Braut des Heiligen Geistes« und der »Braut der ganzen Dreifaltigkeit«.
Die Bezeichnung »*Braut des Vaters*«(I,22), die Mechthild sowohl für Maria
als auch für die Einzelseele anwendet, ist für Maria der Idee nach seit dem
5. Jahrhundert bei Chrysippus aus Kappadokien in seinen ›*Enkomion* ‹ auf
die Theotokos bekannt. Später begegnet dieser Titel bei Rupert von Deutz,
Honorius Augustodunensis und anderen Autoren des 12. Jahrhunderts. Ihm
liegt die Idee zugrunde, daß Maria als Helferin und Dienerin (*cooperatrix et
ministra*) beim Werk der Schöpfung, der Menschwerdung und der Erlösung
mitwirkt. [29] Wenn Mechthild diesen ursprünglich marianischen Titel auch
der Seele zuspricht, ist daraus zu schließen, daß auch der Einzelmensch, so
wie exemplarisch Maria, bei der Wiederherstellung der *imago Dei* sich auch
im schöpferischen Wirken dem Vater angleichen soll - ein Gedanke, den
Hildegard von Bingen sehr breit entfaltet, wenn auch mit anderen Mitteln,
und nicht unter dem Bilde der Brautschaft -, und die Menschwerdung in
sich vollziehen soll. Das heißt, wie Christus zu werden und durch ihn an der
Erlösung mitzuwirken. Da die Bezeichnung »*Braut des Vaters*« wohl theologisch leicht mißverständlich ist, wurde und wird sie nicht mehr verwendet.
Durch die Tradition ist ihr Verständnis »aus der Kraft des Allerhöchsten «
nach dem Lukasbericht der Verkündigung zu wenig gestützt. Umso auf-
fallender ist der mystische Gebrauch bei Mechthild, der auch bekundet, wie
bekannt ihr die Verwendung bestimmter Bilder aus der theologischen Sprache waren. Da die Jungfrau Maria bei ihr zuerst als Ur- und Vorbild der
großen Gottesliebenden in der Verkündigungsszene dargestellt wird,[30] ist es
verständlich, daß diese Bezeichnung für beide, Maria und Seele, gilt.

In Mechthilds Verkündigungsszene erscheint weniger stark als bei Hildegard die Jungfräulichkeit als Ausgangspunkt der Erwählung; vielmehr ist
es ihre totale Liebeshingabe, aus der sie »mit suesser stimme« Gott her-
abzog, nämlich mit der Stimme der Liebe, so daß sich Mechthild mit der
liebenden und verlangenden Gestalt Marias häufig identifiziert. So wie Maria nach dem Tode der ersten »Braut des Vaters«, der »edel sele«, der
allmächtige »Gott mit ihr den Zorn auffing«, nun »ganz allein Braut der

---

29 K. Wittkemper, *Braut*, in: *Marienlexikon* Bd. 1, St. Ottilien 1988, 568bf.

30 Elisabeth Gössmann, *Die Verkündigung an Maria im dogmatischen Verständnis des
Mittelalters*, München 1957, 158f.

hl. Dreifaltigkeit wurde«,[31] bezeichnet sich auch Mechthild als »Braut der
ganzen hl. Dreifaltigkeit«,[32] um mit diesem ursprünglich, wenn auch selten
verwendeten, marianischen Titel die Intensität und den verborgenen Reichtum ihrer persönlichen geheimnisvollen Beziehung aufgrund der geschaffe-
nen und ungeschaffenen Gnade anzudeuten, so daß diese Bezeichnung eine
Steigerung, nichtzusagen die höchste Steigerung der Brautschaft signalisiert.
Zur Eröffnung der Heilsgeschichte spricht nach dem Rate der Dreifaltigkeit
Gott Vater: »Ich will mir selbst eine Braut erschaffen. Die soll mich mit
ihrem Munde grüßen, und mit ihrem Ansehen verwunden, dann erst beginnt
das eigentliche Lieben«.[33] Die ursprüngliche Zuwendung des Menschen als
Braut gilt dem Sohne nach dessen Wort: »Bilden wir den Menschen nach
mir «.[34] Der Vorgang der Einigung geschieht im Heiligen Geiste. In der
erotischen Sprache des Hohenliedes veranschaulicht Mechthild dieses Geschehen als *connubium spirituale* in der Rede des Heiligen Geistes mit dem
Vater: »Ja, lieber Vater, die Braut werde ich dir zu Bette bringen«.[35] So ist
die »geringe Seele« eine »überaus herrliche Braut der Heiligsten Dreifaltigkeit«, eine »Tochter des Vaters«, und Schwester des Sohnes und »Freundin
des Heiligen Geistes«.[36] Aufgrund dieses Adels steht sie über dem Rang der
Engel, hoch über den Seraphim. Denn die Engel sind nur reiner Geist,[37] der
Mensch aber hat Fleisch und Geist wie der menschgewordene Gottessohn,
ihr Bräutigam. Darum ist »die Seele mit ihrem Fleisch allein Hausher-
rin des Himmelreichs und sitzt neben dem ewigen Hausherrn, dem sie am
meisten gleicht.« In der Sprache höfischer Minne, verquickt mit der des Hohenliedes, wird die gottmenschliche Liebesbeziehung optisch und akustisch
im *gustus* und *tactus* verlebendigt: »Und da leuchtet Aug in Auge,/ und
da fließet Geist in Geist, und da greifet Hand zu Hand/ und da redet Mund
zu Mund/ und da grüßet Herz zu Herz«.[38] Diese innige Vereinigung ist

---

31 M 12,7-13 (I,22).

32 M 36,16: »Du bist ein brut der heligen drivaltekeit«(II,9). M 103,17: »Dis sprichet gottes brut, die geruowet hat in der beslossenen triskameren der heligen ganczen
drivaltekeit«(IV,12).

33 M 69,12-14: »Ich wil mir selben machen ein brut, dú sol mich *gruessen* mit irem
munde und mit irem ansehen verwunden, denne erste gat es an ein minnen«(III,9).

34 M 69,8 (III,9).

35 M 69,16f. (III,9).

36 M 43,13f.: »Dú minste sele ist *ein* tochter des vatters und ein swester des sunes und
ein vrúndinne des heligen geistes und werlich ein brut der heligen drivaltekeit«(II,22).

37 M 43,2ff. (II,22).

38 M 108,1u. - 109,3 (IV,14). Margot Schmidt, *Elemente der Schau bei Mechthild von*

nur dem Menschen als Braut vorbehalten, nicht den Engeln. Die Vorstellung des sakramentalen Essens und Trinkens versinnlicht über den *gustus*
und *tactus* die geradezu leichte, selbstverständliche Verschmelzung mit der
Gottheit: »wie gering ich auch bin, ich esse und trinke ihn (den Sohn), und
tue mit ihm, was ich will. Das kann den Engeln nie geschehen, wie hoch sie
auch über mir stehen. Und seine Gottheit wird mir nie so fremd, daß ich sie
nicht immer und ungehemmt, in allen meinen Gliedern fühle/ und deshalb
nie erkühle./ Was kümmerts mich denn, was die Engel fühlen«.[39] Der ganze
Mensch in seiner Totalität von Leib-Seele-Geist wird in die irdische Betroffenheit mithineingenommen. Dies ist der Vorzug vor den Engeln wegen der
größeren Angleichung an den inkarnierten Gottessohn als » Braut seiner
Menschheit«, also keine Verachtung des Leibes und keine Leibfeindlichkeit.
Der Seele wesenhaftes Brautgeheimnis ist, daß sie sich total in » die Heilige Dreifaltigkeit mengt« und dennoch unzerstört bleibt.[40] Das Wesen der
Braut wird gekennzeichnet durch das »offene Herz«. Es ist die geforderte
Haltung der Bereitschaft für das göttliche Ansprechen oder Zusprechen in
der Gnade. Diese Eigenleistung schafft die Disposition für das In-Gang-
Kommen der Liebesbeziehung. Dennoch geht schöpfungsontologisch durch
die Erschaffung des Menschen als Braut, das Zuerst-Geliebtsein durch Gott
voraus, das heißt, die Kraft des Eros kommt von Gott, die das Wiederlieben
des Menschen bedingt. Der göttliche Eros ist im *tactus* so stark, daß Mechthild sagt: »Gott hat an allen Dingen genug, nur allein die Berührung der
Seele wird ihm nie genug«.[41]

Diese Liebeserfahrung der Braut, ihre Entrückungen und Ekstasen, schenken ihr Erkenntnis im Sinne der Unterscheidung der Geister. Dies zeigt der
Dialog, den Frau Erkenntnis mit »Frau Braut« führt unter Bezugnahme auf
die Entrückung von Paulus in den dritten Himmel. Die Seele gewinnt hier
die unterscheidende Erkenntnis über den ersten, zweiten und dritten Himmel. Gegenüber dieser Gabe der discretio, der wahren Erkenntnis, stehen

---

Magdeburg und Mechthild von Hackeborn. Zur Bedeutung der geistlichen Sinne, in:
Frauenmystik im Mittelalter, hrsg. von P. Dinzelbacher und Dieter R.Bauer, Ostfildern
1985, 123-151.

39 M 43,21ff. (II,22)

40 M 11,1u.: »... und mengest dich in die heligen drivaltekeit und belibest doch gantz
in dir selber«(I,22).

41 M 104,33f.: » Got hat alles dinges genuog, sunder alleine der beruerunge der *selen*
wirt im niemer genuog«(IV,12).

»die blinden heiligen, die lieben und nicht erkennen«,[42] weil sie nicht in der
geordneten Liebe stehen. Auf die zudringliche Frage der Erkenntnis: »Frau
Braut, wollt ihr mir noch ein Wörtchen sagen von dem unaussprechlichen
Geheimnis, das zwischen Euch und Gott ist«, antwortet die Braut in keu-
scher aber bestimmter Abwehr: »das tu ich nicht. Die Bräute dürfen alle
nicht sagen, was ihnen widerfährt. Die heilige Anschauung« - nämlich die
gewonnene unterscheidende Erkenntnis -, »sollt ihr von mir hören. Aber
die auserwählte Gotteserfahrung/ die einmalig empfand meine Natur,/ soll
euch und aller Kreatur, immerdar verborgen sein, außer mir allein.«[43] Wie
Bernhard vertritt Mechthild die Einmaligkeit der Liebesbeziehung, die den
Augen und Ohren anderer entzogen ist. Bernhard sagt: »Keinem Geschöpf
ist es vergönnt, bei dieser unvergleichlich seligen Umarmung zugegen zu sein.
Nur der Geist beider ist Zeuge und Mitwisser dieses gegenseitigen Erken-
nens und Liebens«;[44] jede Liebe ist einmalig, »sie hat ihre eigene Quelle, die
kein Fremder mit ihr teilen, und woraus kein Unwürdiger trinken darf. «[45]
Ehrfurcht und Distanz bewirken die zuinnerst persönliche Liebesbeziehung
zwischen Mensch und Gott. So ist das Wesen des Braut-Seins letztlich für
Mechthild zuchtvolle Verhüllung als Mittel der inneren Bewahrung. Das gilt
trotz ihrer fordernden Rede als »vollewachsen brut« (I,44), die auf Grund
ihrer eigenen Erfahrung und ihres Wissens einen Status unglaublicher Sou-
veränität besitzt, der es ihr gestattet, in unverhohlenen Bildern tiefe Ein-
blicke über das Verhältnis zwischen Gott und Seele zu entschleiern.

Zur Brautschaft gehört die Erfahrung des maßlosen Schmerzes der Un-
tröstlichkeit nach dem Verlust der Vereinigung. Mechthild veranschaulicht
diese Situation der Trostlosigkeit nach Hl 3,1 mit der vom Bräutigam ver-

---

42 M 39f. (II,19)

43 Ebd: »Eya vro brut, went ir mir noch ein wortzeichen sagen der unsprechlicher
heimlicheit, die zwúschent *gotte* und úch lit?« »Vrouwe bekantnisse, *des* tuon ich nit.
Die brúte muessent *alles* nit sagen was in beschiht. Dú helig beschouwunge und dú
vilwerde gebruchunge sont ir han von mir, die userwelte bevindunge von gotte sol úch
und allen creaturen iemer me verborgen sin, sunder alleine mir.«

44 Bernhard von Clairvaux, *Super Cantica in Cant*, Sermo 8 n.6: Cui sane sempiterno
singulariterque beato complexui, nullo omnino, ut iam dictum est, creaturae interesse
donatur, solo utriusque Spiritu teste ac conscio mutuae agnitionis et dilectionis. *Ebd.*
vol. 1, 40,5-7.

45 *Ebd.*, Sermo 22 n.2: Novit Sponsus quibus deliciis Spiritus foveat dilectam, quibus
singulariter refocillet sensus eius inspirationibus et mulceat odoramentis. Sit sibi fons
proprius, in quo ei non communicet alienus, nec indignus bibat ex eo/ est quippe
»Hortus Conclusus, Fons Signatus«. *Ebd.*, vol. 1, 130,9-12.

lassenen Braut. Die Kreaturen versuchen vergeblich, ihr Trostgründe zu
liefern » bis hin zur Suggestivfrage« :[46] » Kann euch Gottes Sohn nicht
trösten?«[47] Daraufhin verläßt die Braut » alle Sicherungen normalen Re-
dens« und erhebt sich sprachlich in die trinitarische Gegenwart, die ihr der
Sohn aufschließen soll: » Ja, ich frage ihn, wann wir gehen/ in die Blu-
men der heiligen Erkenntnis/ und bitte ihn voll Verlangen,/ daß er mir die
spielende Flut aufschließt,/ die in der heiligen Dreifaltigkeit fließt,/ von der
die Seele alleine lebt./ Soll ich getröstet werden nach meiner Seele Edelkeit,/ muß mich Gottes Atem in sich ziehen ohne Beschwerlichkeit./ Denn
die spielende Sonne der lebendigen Gottheit, /scheint durch das klare Wasser der glücklichen Menschheit./ Und die süße Lust des Heiligen Geistes/
ist aus ihnen beiden gekommen/ und hat mir alles genommen,/ was unter-
halb der Gottheit wohnt./ Mir schmeckt nichts, als alleine Gott./ Ich bin
[dieser Welt] auf ganz wundersame Weise tot.« Die Gebärde des absoluten
Verlangens der Seele nach ihrem Ursprung und Ziel steigert sich bis zum
antithetisch gehaltenen paradoxen Anruf an die Braut des Hohenliedes, mit
der sich Mechthild identifiziert:[48]

» Frau Braut, ich habe nach dem himmlischen Vater einen Hunger,/in
ihm vergesse ich allen Kummer./Und ich habe nach seinem Sohn einen
Durst,/der benimmt mir alle irdische Lust./Und ich habe von ihrer beider Geist soviel Liebesnot,/die geht über des Vaters Weisheit, die ich nicht
begreifen kann,/und über des Sohnes Leid, das ich nicht ertragen kann,/und
über des Heiligen Geistes Trost, der mir nicht geschehen kann./Wer sich in
dieser Not verfängt, bleibt immer ungelöst/in Gottes Seligkeit versenkt«.

---

46 A.M. Haas, *Sermo mysticus, Studien zur Theologie und Sprache der deutschen Mystik*,
   Freiburg/Schweiz 1979, 86.

47 M 103u,ff.: »Mag úch gottes sun iemer getroesten?« »Ja, ich vrage in wol, wenne wir
   wellen gan/in die bluomen der heligen bekantnisse/und ich bitte in vil gerne,/das er mir
   ufscliesse die spilenden vluot,/die in der heligen drivaltekeit swebet,/da die sele alleine
   von lebet./Sol ich *getroestet* werden nach miner edelkeit,/so sol mich gottes aten in sich
   ziehen sunder arbeit,/wan die spilende sunne der lebendiger gotheit/schinet dur das
   clare wasser der vroelichen menscheit/und die suesse lust des heligen geistes,/der us in
   beiden ist komen,/der hat mir alles das benomen,/das beniden der gotheit wonet./Mir
   smekket nit wan alleine got,/ich bin wunderliche tot.«(IV,12).

48 M 64,31-65,3: »Vro brut, ich habe nach dem himelschen vatter einen hunger,/ da inne
   vergisse ich alles kumbers,/ und ich han nach sinem sun einen turst, der benimet mir
   allen irdenschen lust, und ich han von ir beider geiste ein solich not, die gat boven des
   vatters wisheit, die ich nit begriffen mag, und über des sunes arbeit denne ich erliden
   mag, und über des heligen geistes trost denne mir geschehen mag. Swer mit dirre not
   wirt bevangen, der muos iemer ungeloest in gottes selekeit hangen«(III,3).

Diese Paradoxie kennt bereits Gregor von Nyssa in seinem Hoheliedkommentar.[49] Wie für ihn ist auch bei Mechthild allein das Sehnen und Verlangen bereits Seligkeit. Für Mechthild ist der Eros, wenn auch Leid bringend, keine zerstörerische Kraft, sondern die Zuflucht der Braut ist letztlich das beseligende Paradox, da der Mensch in diesem Leben über das Verlangen nie hinaus gelangt. Das Wesenselement menschlicher Liebe zu Gott ist das Verlangen als gedanklicher Ausdruck im Bilde der Braut. Die Einsicht dieser Wesensstruktur kleidete Mechthild im Alter in ihrem letzten, 7. Buch in die anschauliche Bitte: » Herr, bedecke mich mit dem langen Mantel des großen Verlangens«.[50] Das » große Verlangen« und die » Heiligkeit der Braut« werden beide im Bilde des Mantels eingefangen als die sie je ganz einhüllende Eigenschaft. Diese Wesensbestimmungen fördern den Aufstieg der Braut bis zur Verwandlung der Sicherheit im Alter, wie es Mechthild im letzten Buch zusammenfassend in der Gottesrede erhellt: » Deine Kindheit war eine Gefährtin meines Hl. Geistes,/ deine Jugend war die Braut meiner Menschheit,/ dein Alter ist jetzt eine Ehefrau meiner Gottheit«.[51] Unter dem Bilde des *connubium spirituale* wird die immer vertrauter gewordene gott-menschliche Beziehung als selbstverständliche Gemeinschaft gesehen.

Das Problem der Brautschaft ist: dem absoluten irdischen Verlangen steht die absolute Macht göttlicher Liebe gegenüber, unter der sowohl Gott als auch der Mensch steht. Diese persönliche Erfahrung fängt Mechthild über die Weinmetaphorik des Hohenliedes ein, die sprachlich im Hingerissenwerden zu Gott zum ungewohnten Glanz himmlischer Wonne wird, wenn sie die Ekstase zu einem berauschenden Leben trinitarischer Liebe werden läßt, in dem » Gott Vater der selige Schenkende, Gott Sohn der Kelch, der Heilige Geist der lautere Wein, die ganze Dreifaltigkeit aber der volle Kelch ist und die Liebe die gewalthabende Kellermeisterin. O, wie gerne bäte ich sie in mein Haus.«[52] Mit dieser an Hl 2,4 angelehnten Allegorie: » Führt

---

49 Gregor von Nyssa, *In Cantica Canticorum* VI,119, hrsg. von Werner Jaeger, Leiden 1960. Übersetzung von H.U. von Balthasar, *Gregor von Nyssa, Der versiegelte Quell, Auslegung des Hohen Lieds*, Einsiedeln 1984,55. Vgl. Margot Schmidt, » *minne, dú gewaltige kellerin*«. On the nature of ›minne‹in Mechthilds » Fließendes Licht der Gottheit«, in: Vox Benedictina 4 (1987) 114f.

50 M 249,21: » bedekke mich mit dem mantel diner langen gerunge«(VII,35).

51 M 222,1u. - 223,2: » Din kintheit was ein gesellinne mines heligen geistes; din jugent was ein brut miner menscheit; din alter ist nun ein husvrouwe miner gotheit«(VII, 3).

52 M 46,30-33 (II,24). Vgl. M. Schmidt, » *minne, dú gewaltige kellerin*«... (wie Anm. 49) 109ff.

mich hinein in den Weinkeller, und das Zeichen der Liebe ist über mir«, hat Mechthild die Tradition dieser Exegese in bemerkenswerter Weise bereichert und selbständig weitergeführt. Das Wesen der Dreifaltigkeit wird von der Liebe als der »gewaltausübenden Kellermeisterin« bestimmt. Der gedankliche Kern dieses *unio*-Bildes liegt aufs neue darin: Mechthild verlegt das Wesen des Eros in das Wesen der Trinität. Daher hat sie keine unscharfe Brautmystik, sondern eine präzise trinitarische Dynamik und Aufgehobenheit zugleich. Von daher wird die Transformation der Braut/Seele verstanden, wie sie Mechthild als Hochform formuliert: »Die Größe der Braut/Seele« liegt in der Liebe, das heißt, der »Adel der Seele« beinhaltet nicht die Zerstörung ihrer selbst, in der Ekstase geht sie nicht zugrunde, sondern stößt in diesem höchst individuellen Akt auf ihren Grund, von dem her sie immer wieder aufs neue ihre höhere und höchste Möglichkeit im Überstieg ihrer selbst realisiert bis zur Vergöttlichung, wenn auch in Vollendung erst in der ewigen Seligkeit.

Das Problem oder Wunder der Brautschaft ist, das maßlose in diesem Leben nie volle Erfüllung findende Verlangen auf ein erträgliches Maß der geordneten Minne zu bringen, wie andererseits die mehrmals bezeugte Tatsache, daß sich die Gewalt des göttlichen Eros der menschlichen begrenzten Fähigkeit anpaßt, um sie nicht zu zerstören. Auf Mechthilds stürmisches Verlangen antwortet die Gottesrede mit der Selbstbescheidung des *tactus* im erotischen Bild: »Würde ich mich dir zu allen Zeiten nach deinem Verlangen geben, so müßte ich meiner süßen Herberge bei dir auf Erden entbehren.«[53] Eine Steigerung des Begehrens geschieht in Wiederaufnahme des Bildes vom Weinkeller nach Hl 2,4, wo die Seele jeden Einspruch abwehrt, der sie von ihrem Geliebten abzuhalten versucht; der durch nichts sich aufhalten lassende Urtrieb des Gottesverlangens wird in verschlüsselt bildhafter Rede erklärt: »Ihr wißt alle nicht, was ich mein, laßt mich ungehindert sein, ich will eine Weile trinken den unvermischten Wein«.[54] Mechthilds urtümliches Bild vom »unvermischten Wein« - ganz im Gegensatz zur Hoheliedtradition -, meint die unvermittelte, direkte Gotteserfahrung. Die Antwort auf die Gottesrede darauf lautet:[55] »Willst du den Wein unvermischt trinken, dann verzehrst

---

53 M 50,22-29: »Ich kan dich nit so kleine beriben,/ ich tuo dir unmassen we an dinem armen libe./ Soelte ich mich dir ze allen ziten geben nach diner ger,/ so mueste ich meiner suessen *herberge* in dem ertrich an dir enbern,/ wan tusent lichamen moehtin nit einer minnenden sele *ire* ger vollewern/. Darumbe ie hoher minne ie heliger marterer«(II,25).

54 Vgl. M. Schmidt, »*minne, dú gewaltige kellerin*«... (wie Anm. 49) 115f.

55 M 63,30: »Wiltu den win ungemenget trinken, so verzerestu *iemer* me denne du hast,

du immer mehr als du hast. Deswegen kann dir der Wirt nicht voll einschenken«, das heißt, Gott muß sich um der Schonung der Seele willen zurückhal-
ten, sich einschränken. Hier kommt aufs neue die Spannung zwischen dem
maßlosen Verlangen der Seele einerseits und dem begrenzten menschlichen
Fassungsvermögen für das Göttliche andererseits zum Ausdruck. Das Motiv
der Anpassung Gottes als einer unerhörten Kundgabe göttlicher Liebe an die
geschwächte Menschennatur und Ausdruck eines unglaublichen Wunders in
der Rücksichtnahme Gottes, handelt es sich doch um einen Austausch von
zwei Personen verschiedener Seinsebenen, ist bereits vor Pseudo-Dionysius
im 5. Jahrhundert bei Ephräm deutlich angesprochen, wenn er als Dich-
tertheologe exegetisiert: »Im Wein ist die Gewalt zum Trank geworden, die
man nicht trinken kann«. [56] Nur unter der Gestalt von Brot und Wein - der
Eucharistie -, »ist die verzehrende göttliche Kraft« und das göttliche Feuer
»abgeschwächt für den Menschen genießbar.« Der Mensch ist zu schwach,
um mit dem puren Wein - der Gottheit Christi -, zu trinken, sie wird ihn
immer » verwirren«,[57] denn » in deinem Wein wohnt nicht zu trinkendes
Feuer«.[58] In Zurücknahme seiner selbst zieht und lockt Gott die Seele, die
durch einen lebenslangen schmerzhaften Prozeß der Einübung von Stufe zu
Stufe dem Ziel der geordneten in Frieden lebenden Minne zustrebt, wie es
gerafft eine Illustrationsallegorie über die Ausstattung der Braut erhellt: »Si
hat einen schenken, das ist die gerunge, die ist gekleidet mit girikeit und
ist gekroenet mit vride«.[59] Aus der Spannung von » girikeit« und » vride
« und dem durch göttliche Erfahrung sensibler gewordenen Gewissen für
sich selbst und gegenüber der Umwelt entstehen die vielfältigen Leiden der
Braut, deren Darstellungen wie ein roter Faden das ganze Buch durchzie-
hen, angefangen von I,1 über II,3, III,10, IV,12 bis zum letzten Buch. Sie
offenbaren in VII,21,53,65, um nur die markantesten Stellen zu nennen, eine
schmerzhafte Leidensmystik der Braut,[60] bis ihr in der compassio Christi
die Fähigkeit des Ertragens und die Kraft zu einem Ausgleich ungleicher

---

so mag dir der wirt nit volle schenken«(III,3).

56 Des heiligen Ephraems des Syrers *Hymnen De Fide* V 14 (=HdF), Ed. Edmund Beck,
(Corpus Scriptorum Christianorum Orientalium) vol. 155, Script.syri t.74, Louvain
1955, 19.

57 *Ebd.*, HdF XXX 10, S. 85.

58 *Ebd.*, HdF X 8, S. 34.

59 M 24,6f. (I,46).

60 Margot Schmidt, » *Frau Pein, ihr seid mein nächstes Kleid*« Zur Leidensmystik im
»Fließenden Licht der Gottheit« der Mechthild von Magdeburg, in: *Die dunkle Nacht
der Sinne und des Geistes*, hrsg. von G. Fuchs, Düsseldorf 1989, 63ff.

Ebenen geschenkt wird.

3. Die akustische Vorstellung der Musik

Das Streben nach umfassender Harmonie fängt Mechthild von ganz anderer Seite im Bild der Musik ein. Auch hier ist der Mensch Abbild der Trinität, die in ihrer totalen Liebeskonkordanz selbst als tönende Symphonie erscheint:[61] »Und wie die Gottheit klingt/ Und die Menschheit singt,/ und der Heilige Geist die Harfe des Himmels spielt, daß alle Saiten erklingen, die da gespannt sind in der Minne«.

Im musikalischen Bild wird eine symphonische Einheit der Trinität suggeriert, deren Glück durch kosmische Sphären dringt und die Idee einer Himmel und Erde verbindenden Glückseligkeit erahnen läßt. Ebenso wird der Schöpfungsakt des Menschen als Frucht göttlicher Liebe in ihrer Bewegung zu symphonischer Musik der Trinität. Hier kommt dem Heiligen Geist als Gabenspender die besondere Aufgabe zu, die bis dahin in sich fließende Heilige Dreifaltigkeit, »deren unsägliche Wonne noch zu niemandem geflossen war«, aufzubrechen, um nach außen zu wirken: und so »spielte der Heilige Geist dem Vater ein Spiel in seligem Überschwang, und schlug auf die (Harfe) der heiligen Dreifaltigkeit.«[62] Wie die innergöttliche Seligkeit in ihrer Liebesmacht symphonische Musik ist, birgt auch die Seele in sich Musik mit verschiedenartigen Tönen. Das antike Symbol der großen Himmelsharfe mit sieben Saiten als kosmische Harmonie und die Vorstellung Gottes als des verborgenen Spielers der Weltenmusik bei Athanasius[63] verschmelzen bei Mechthild zum Ausdruck mystisch-personaler Beziehung. Bei ihr wird die Seele selbst zum göttlichen Instrument, auf dem zuerst der göttliche Urheber nach der Auffassung des Zuerst-Geliebtseins spielen muß: »du weist wol wie du rueren kanst, die seiten in der sele min.«[64] Denn Gott kann »die noten minnen, die in dem herzen singen«.[65] Voraussetzung der Einung ist das sehnende Verlangen auf Seiten des Menschen und der Akt zuvorkommender göttlicher Gnade. Diesen mystischen Vorgang erhebt Mechthild

---

61 M 28,41f. (II,2). M. Schmidt, »*die spilende minnevluot*«... (wie Anm. 1) 77f.

62 M 68,27f.: »Do spilte der heilig geist dem vatter ein spil mit grosser miltekeit und schluog uf die heligen drivaltekeit«(III,9).

63 Hans Schavernoch, *Die Harmonie der Sphären. Die Geschichte der Idee des Weltenklangs und der Seelenstimmung*, Freiburg/München 1981, 116.

64 M 142,25ff. (V,17).

65 M 250,34 (VII,37).

über die Akustik der inneren Stimme in die Transzendenz als Musik, die
so bewegt, daß der Gottessohn ihr in zuvorkommender Gnade folgen muß.
In Stil und Motivik des Minnesanges läßt sie dieses unsichtbare mystische
Geschehen erklingen:[66]

> »Ich hoere ein stimme,
> die lutet ein teil von minne.
> Ich han si gefriet manigen tag,
> das mir die stimme nie geschach.
> Nu bin ich beweget,
> ich muos ir engegen!
> Sú ist jene, die kumber und minne miteinander treit«.

Den gleichen verborgenen Vorgang der zuvorkommenden Gnade wird im
»Gesang der Seele« zur Musik: »woltest du mir singen, so mueste mir gelingen«.[67] Die Gottesrede antwortet: »mine seiten soent dir suesse klingen
... Iedoch wil ich vor beginnen und temperen in diner sele miner himelschen
seiten.«[68] Das Spannen der Saiten soll den harmonischen Zusammenklang
ermöglichen, zumal es sich zwischen Schöpfer und Geschöpf um zwei unterschiedliche Seinsebenen handelt; daher muß Gott zuerst die verschiedenen
Saiten stimmen, nämlich die Seele an sich ziehen, um den Prozeß der Angleichung zu eröffnen. Die bei Mechthild so spontan erscheinende Bildführung
der Harfe in ihren feinen, vielfältigen Schwingungen symbolisiert die diffe-
renzierte Totalität der gott-menschlichen Beziehung, die ein gegenseitiges
Sicheinstimmen verlangt. Hinter dem Zurichten aller Saiten erzittern die
Anstrengungen und Leiden vielfältig zu läuternder Gaben, um über eine
hohe Stufenleiter der Liebe des Gotterleidens zur Harmonie zu gelangen.
Der transitorische Glücksaugenblick der *unio*-Erfahrung wird zur seligen
Musik des Transzendenten:[69]

> »Swenne min herre kunt so kume ich von mir selben,
> wan er bringet mir so mangen suessen seitenklang ...

---

66 M 19,8-14. Auf die Minnesangtradition: das Werben des Liebenden, das Wecken der
   Herrin, das Nebeneinander von *minne* und *kumber* hat F.W. Wentzlaff-Eggebrecht,
   Deutsche Mystik zwischen Mittelalter und Neuzeit, Berlin 1969³, 53f. aufmerksam
   gemacht.

67 M 34,18 (II,5).

68 M 143,12-15 (V,18).

69 M 27,40ff. (II,2).

Und sin seitenspil ist so vol aller suessekeit,
da mit er mir benimet alles herzeleit.«

In der totalen Ergriffenheit der *unio* wird die Seele zum vollkommenen göttlichen Instrument, das in musikalischen Schwingungen in vollendeter Weise erklingt, so daß der göttliche Urheber antwortet: » Du bist eine Harfe meinen Ohren, du bist ein Klang meinen Worten«.[70] Schließlich klingen in der ewigen Seligkeit die Saiten in Harmonie »iemer ane ende us von der getrúwen sele ... in die helige drivaltekeit«, die in Ewigkeit »mit ihrer dreifaltigen Stimme« als » die allersüsseste, die allerergreifendste, die allerwonnevollste Stimme singt«. [71] Trotzdem kann auch durch das feinste musikalische Ausdrucksmittel das Wunder der göttlich-menschlichen Verschmelzung nicht vermittelt werden, »denn daß der Geist innerlich singt, das geht über jede irdische Stimme«,[72] so daß der akustische Ausdruck selbst zum sinnenhaften Zeugnis des im Innern aufbrechenden Ineffabile wird.

Das alte Bild der Harfe und auch der Leier (Lyra) als Symbol kosmischer Sphärenharmonie in der Antike, das vom Christentum übernommen und weitergestaltet wurde,[73] wird von Mechthild in seiner Symbolik sowohl für die Liebeskraft und den Jubel der Trinität als auch für den Schöpfungsprozeß und schließlich für die unter einem hohen Anspruch stehende mystische Beziehung zwischen Gott und Mensch als personaler Zusammenklang einmütiger Verschiedenheit, in der auch das Sich-Rühmen und Lobpreisen im Leiden nach Paulus (Röm 5,3) mitschwingt, einmalig gestaltet. Die Seele selbst ist als Harfe das lebendige Instrument des Lobpreises Gottes und unter diesem Zeichen Vorbild für alle Menschen und für den ganzen irdischen Chor. Das mit Intensität und Intimität genutzte Bild der Harfe wird ferner zum Bezeichnungsmodell für die Relatio, deren Ordnung auf Grund der Erfahrung in der zuvorkommenden Gnade des göttlichen Harfenspielers gründet und entsprechend der göttlichen Unfaßbarkeit und Unvorhersehbarkeit, sowohl der irdisch transitorischen als auch der ewigen *unio*-Seligkeit in der Harmonie eine unendliche Vielfalt in der Einheit umfaßt. Diese Paradoxie veranschaulicht eine ewige Glückseligkeit im immer Neu- Werden

---

70 M 62,16 (III,2). Grete Lüers, *Die Sprache der deutschen Mystik*, München 1926, Reprint Darmstadt 1966, 229f. weist darauf hin, daß bei Philo die Seele ein Instrument des Geistes Gottes ist.

71 M 158,21ff. (V,26). M. Schmidt, »*die spilende minnevluot*«... (wie Anm. 1) 77f.

72 M 247,14f. (VII,34).

73 Siehe Anhang.

von atemberaubender Dynamik, welche die Vorstellung der Gleichheit oder Gleichmacherei ausschließt. Daher geht auch hier Mechthild in der so lieblich verhaltenen Eindringlichkeit der Harfe in ihrer Aussage über die lange Bernhard zugeschriebene ›Vitis mystica‹ hinaus,[74] in der dieses Bild trockener und lehrhafter gestaltet wird: »Zur Harfe ist dir der Bräutigam geworden: Das Holz vertritt das Kreuz, der Leib aber gleicht den Saiten, die über die Oberfläche des Holzes gespannt sind. Wäre er nicht ausgespannt ans Kreuz geheftet worden, so hätte er nicht den Klang der (sieben letzten) Worte hervorgebracht, die du noch weiter auskosten kannst. Denn sieh nur genau zu: Sieben Saiten hat die Lyra. Er singt für dich, er spielt dir vor. Dich ladet er ein, ihm zu lauschen, der du vielmehr ihn zum Reden einladen solltest!«

Die Vorstellung des Duftes, der Brautschaft mit der Synästhesie der fünf geistlichen Sinne und der ins Wort gebannten Musik unter dem Bilde der Harfe, das neben der Deutung kosmischer Ordnung auf Grund der Liebesallmacht Gottes zum Ausdruck der mystischen Beziehung zwischen Gott und Mensch wird, erscheinen als versinnlichte Transzendenz wie Höhepunkte des personalen Ergriffenseins von vollendeter Harmonie, hinter denen jedoch auch die zutiefst erlittenen Leiden erzittern, die erahnen lassen, welch hoher Preis und Starkmut unter dem Schleier des Lächelns hinter den so oft bestaunten oder auch verharmlosten lyrischen Preisungen der ekstatischen Gottseligkeit Mechthilds stehen.

Anhang

H. Scharvernoch,[75] berücksichtigt in seiner Geschichte der Harmonievorstellung nicht die Metaphorik in der Mystik. Ergänzend zu seinen Nach-

---

74 Vitis mystica VIII (PL 184, 655): »Cithara tibi factus est sponsus, cruce habente formam ligni; corpore autem suo vicem supplente chordarum per ligni planitiem extensarum. Nam nisi ligno affigeretur expansus, neutiquam verborum sonum ederet tanquam citharizane, quibus amplius delectareris. Observa diligentius. Septem chordas habet cithara. Cantat tibi, ludit tibi, te ad audiendum invitat, quae illum ad loquendum potius debueras invitare.« Die ausgewählten Beispiele zeigen die Kontinuität der Musikmetaphorik, speziell das Bild der Harfe als Harmoniesymbol, das Mechthild in souveräner Weise verwandelt für ihre mystischen Aussagen nutzt. Später, in der Barockzeit, wird das Harfenemblem zu einem Modell staatlicher Ordnung, um die Voraussetzung für die Glückseligkeit des Staates aufzuzeigen. Vgl. hierzu die instruktive Studie von Dietmar Peil, Concordia discors. Anmerkungen zu einem politischen Harmoniemodell von der Antike bis in die Neuzeit, in: Geistliche Denkformen in der Literatur des Mittelalters, hrsg. von K.Grubmüller, R.Schmidt-Wiegand, K.Speckenbach, München 1984 (Münstersche Mittelalter Schriften Bd. 51) 401-430.

75 Die Harmonie der Sphären ... (wie Anm. 63).

weisen aus dem Bereich der Kirchenväter und des Mittelalters sei in diesem
Zusammenhang als ein früher Zeuge und Vorläufer Paulinus von Nola (353-
431) genannt, der in *Poema* XX das Bild des Logos-Musicus in poetische
Form kleidet: »Christus ist der wahre Autor unserer Harmonie, Er, jener
wahre David, der sich der morsch gewordenen Harfe unseres Leibes angenommen hat. Sie war verstimmt, gerissen ihre Saiten, ... doch der Herr
hat sie selber hergestellt, indem er sie zur seinen machte ... Die ganze Welt
durchzieht der goldnen Christusharfe Melodie in ungezählten Sprachen, und
Lieder hallen Gott entgegen aus gleichgestimmten Saiten« (PL 61,552). Augustinus entwickelt in *De musica* den Gedanken vom »Liede des Weltalls«
im rechten Einordnen zu Gott durch die Freude an der vollkommenen Ordnung. Daher vereinen sich auch die Himmlischen mit den Irdischen zu einem
»Liede des Weltalls« (Vgl. Scharvernoch, 95). Die Idee vom Einklang ohne
Mißklang, daß der Einzelne nicht hervortreten solle, sondern alle gleich einer wohlgestimmten Orgel in einmütiger Verschiedenheit zusammenklingen
sollen, entwickelt Augustinus am Symbol der Orgel in *Ennarationes in Psalmos* 150,4-7, vor allem n.7: »Non enim sola psalteria et citharae chordas
habent; sed quia in psalterio et cithara, propter sonum ab inferioribus et
superioribus, inuentum est aliquid quod secundum hanc distinctionem pos-
sit intellegi, aliud nos in ipsis chordis quaerere admonuit; quia et ipsae sunt
caro, sed iam a corruptione liberata. Quibus fortasse ideo addidit organum,
non ut singulae sonent, sed ut diuersitate concordissima consonent, sicut
ordinantur in organo. Habebunt enim etiam tunc sancti Dei differentias
suas consonantes, non dissonantes« (CC 39 [1956] 2195,16-24).

    Im Mittelalter stellt Rupert v. Deutz den Gedanken des göttlichen Har-
fenspielers auf dem Instrument des Menschen oder der ganzen Welt heraus
in seinem *Johanneskommentar* I: »... Was sind wir anderes als Instrumente
Gottes, des großen Tonkünstlers? Darum sollten wir mit Zither und Psalter, das ist, mit Leib und Seele, den Herrn lobpreisen. Vor allem ist unser
Herr das Instrument Gottes, des Vaters, der zu ihm sprach, als er dem Leibe
nach im Grabe lag: ›Wach auf, du mein Ruhm, wach auf, o Psalter und
Zither‹(Ps 56,9)! Ja noch mehr, die ganze Welt ist ein Instrument des Gotteslobes, obwohl nur der Mensch oder Engel Gott zu preisen vermag. Es
verhält sich wie mit der Harfe: Nur die Saiten lassen die Melodie erklingen,
jedoch nicht ohne das Holz. Wie also ein Tonwerk, das die Kunst auf dem
Instrument zur Ausführung bringt, dem Wesen nach im Geiste des Kompo-
nisten lebt, so war auch das Gefüge der ganzen Welt, die, wie gesagt, ein
Instrument des Gotteslobes ist, noch ehe sie war, Leben im ewigen Wort«.
(»Nam quid sumus nos nisi magni musici Dei quaedam instrumenta? Vnde

et in citharis et in organis, quae profecto corda et corpora nostra sunt, Domino laudare iubemur. Ipse quoque Dominus noster musicum Dei Patris maxime instrumentum est, cui dicit idem Pater, dum secundum corpus in sepulcro iacet: Exsurge, gloria mea, exsurge psalterium et cithara.« *Commentaria in Evangelium sancti Johannis* I, CC 60 [1969] 15,251ff.).

Die jüngere Mitschwester Mechthildis, Gertrud (die Große), die in ihrem Werk: *Legatus divinae pietatis* weitaus mehr unter dem Einfluß der Liturgie, der Schrift- und Väterlektüre steht als Mechthild, beschreibt die Schau oder die Erforschung der Hl. Schrift als »Orgelklang im Ohr und geistigen Jubel im Herzen« (Gertrude d' Helfta, *Oeuvres spirituelles*, Bd.II, Sources Chrétiennes 139 [1968] 122,26-30): »Itaque nec satiabatur illis diebus dulcedine mirabili et delectatione praesuavi sedulo insistere divinae contemplationi, sive Scripturae sacrae perscrutationi, quae videbantur sibi esse favus mellis in ore, melos organicum in aure, jubilusque spiritualis in corde. « Die Harmonie der himmlischen Wonne versinnlicht sie mit Berufung auf Meister Hugo durch den Gesang der Menschen und den Gesang der Vögel, da die unsichtbaren und geistlichen Wirklichkeiten nur in Analogie zu den sichtbaren veständlich gemacht werden können.: Quod magister Hugo testatur sic in sermone de interiori homine, cap. XVI: »Divinae Scripturae, ut inferiorum speculationi alludant et humanae fragilitati condescendant, res invisibiles per rerum visibilium formas describunt et earum memoriam per quarumdam concupiscibilium specierum pulchritudinem mentibus nostris imprimunt. Hinc est quod nunc terram lacte et melle manantem, nunc flores, nunc odores nominant, nunc per cantus hominum, per concentus avium, coelestium gaudiorum harmoniam designant. Legite Apocalypsim Johannis et invenietis Jerusalem ornatam per aurum et argentum et margaritas et alias quaslibet gemmas multipliciter descriptam; et scimus quidem quod horum nihil ibi est, ubi tamen omnino nihil deesse potest; talium enim ibi nihil est per speciem, ubi tamen totum est per similitudinem.« (*Ebd.*, 124,38- 126,18).

Das bewußte, sich rechtfertigende Sprechen in Bildern und Symbolen zeigt, welchen Bildungsstand die Helftaer Frauen hatten, und wie sie den sprachlichen Ausdruck zu setzen verstanden. Die Beschreibung des Zustandes der *unio* endet auch bei ihr in »eine süßtönende Melodie« geistiger Musik, die sanft und schmelzend ergreift, um in einer synästhetischen Beschreibung die Komplexität dieses Zustandes zu versinnlichen: »alliciens florigera vernantia omnigenarum amoenitatum, demulcens suavi sono, imo suaviter afficientis melodiae intellectualium musicorum, reficiens odorifero

spiramine vitalium aromatum, inebrians resolventi dulcedine internorum sa-
porum, immutans mira blanditate secretorum amplexuum!« (*Ebd.*,II,8 n.5,
S. 266,16-21).

Heinrich von Nördlingen schreibt anläßlich der Übersendung des ›*Fließenden Lichts der Gottheit*‹von Basel nach Medingen, daß Mechthilds Buch ein
» himmlischer Gesang « sei, sie selbst nennt er im gleichen Brief an Margaretha Ebner » die juncfrouliche himelsche orgelkunigin, durch die got ditz
gesang hat usgesprochen. «[76] Im gesteigerten musikalischen Bild erscheint so
Mechthild in Fortentwicklung ihrer eigenen Musikmetaphorik nachträglich
als Prototyp für die *unio mystica*. Der Gebrauch der Orgelsymbolik zeugt
nicht allein vom Wissen und der Verbreitung dieses Bildes, sondern auch von
der gekonnten Anwendung auf Mechthilds sprachliche Darstellung, welche
die erhabenen Entrückungen der *unio* als symphonische Klangfülle gottmenschlicher Einigung in transzendenter Bewegtheit, Schönheit und Macht
zu vermitteln trachtet, so daß sie selbst im Bilde der innigsten, totalen Einigung zur Königin aller Orgeln wird, auf deren Register der göttliche Spieler
sinnenberückende Klänge entlockt, eine Musik, die Gott mit der Seele zu-
sammenspielt. Denn die Seele kehrt aus der Ekstase » sinnenrich «zurück[77]
und empfindet in allen Gliedern und Sinnen ihres Körpers die Kräfte des
Heiligen Geistes.[78]

Bei Johannes Nider O.P. (†1438) ist das Harfensymbol Titel seines einzigen Traktates in deutscher Sprache: ›*Die 24 goldenen Harfen*‹ in Anspielung
auf die Harfen der 24 Ältesten in Apok 4,4 und als freie Bearbeitung der
›*Conlationes*‹ des Johannes Cassian. Die Harfen interpretiert er als die
weisen Lehren der Wüstenväter[79]: » Die XXIIII guldi harpfen, daz sein
ir selige wort vnd werk, die sie gelert vnd geschriben haben«. Unter der
Aufforderung: »Vnser sel müsz werden zü einer guldein harpfen« werden

---

76 Ph. Strauch, *Margaretha Ebner und Heinrich von Nördlingen*, Freiburg/Tübingen
   1882, Reprint Amsterdam 1966, 246, 128f. Weitere Belege über Musikmetaphorik
   aus der deutschen Mystik für die Zeit nach Mechthild bis Angelus Silesius bei Grete
   Lüers, *Die Sprache der deutschen Mystik des Mittelalters im Werke der Mechthild von
   Magdeburg*, München 1926, Reprint Darmstadt 1966, 230-232.

77 M 5,21 (I,2).

78 M 107, 16-19 (IV, 13).

79 Ulla Williams, *Schul der Weisheit. Spirituelle artes*. Auslegung bei Johannes Nider.
   Mit Edition der 14. Harfe, in: *Überlieferungsgeschichtliche Editionen und Studien zur
   deutschen Literatur des Mittelalters* (Fs. K. Ruh zum 75. Geburtstag), hrsg. von K.
   Kunze u.a., Tübingen 1989, 391-424, hier: 393.

Harfe und Harfenspiel für den asketischen Fortschritt gedeutet.[80] Ebenso sind tugendhafte gute Werke »als ein harpfen vor got dem hern.«[81] Aber auch der Gedanke der *compassio* wird mit diesem Bild aufgegriffen: »Die harpf bedeutet das kreutz Cristi.«[82]

Schon vor den Frauen von Helfta spielt bei Hildegard von Bingen (1098-1179) die Musik und ihre Symbolik eine alles durchdringende Rolle, da die »Seele symphonisch« geschaffen ist und bei ihr die Musik einen höheren spirituellen Rang einnimmt, die sowohl den Menschen als auch das ganze Universum im heilsgeschichtlichen Prozeß mit seinem Schöpfer vereinigt. Die göttlich erleuchtete Vernunft ist bei ihr der »Klang der Seele« als ästhetisch schöne und harmonische Ausdrucksfähigkeit.[83] Die Schauungen widerfahren ihr in einer Klang- und Lichtfülle, die in einer »*harmonia celestis*« münden.[84] Das geglückte schöpferische Wirken des Menschen im Kosmos wird Musik und Saitenspiel, so daß sich auch bei ihr die antike Idee eines tönenden Kosmos findet, der in der Musik der Sphären gipfelt. [85] »Die Schöpfung ist gleichsam ein kunstvoll gebautes Instrument, das der Mensch zum Klingen bringen muß, damit es mit ihm den Ruhm des Schöpfers verkünde.«[86] Ordnung bedeutet für Hildegard neben Licht, Schönheit, Heiligkeit auch Wohlklang. In Auslegung von Ps 150,3-6 wird die Instrumentalmusik in urtümlicher Weise zum symbolischen Ausdruck gottmenschlicher Beziehung: »Lobet ihn im Schall der Posaune, nämlich im Erkennen der Vernunft, im Harfenklang tiefer Unterwürfigkeit, im Zitherspiel honigfließenden Gesanges, lobet ihn mit der Pauke der Todeshingabe, mit dem Saitenspiel der Erlösung der Menschheit, mit der Flöte des göttlichen Schutzes und mit wohlklingenden Zimbeln jener Begnadigungen, die

---

80 *Ebd.*,412,24f.

81 *Ebd.*,413,30f.

82 *Ebd.*,412,33f.

83 *Scivias* I,4, (CC Cont. Med. 43 [1978]) 82,708: »ratio sonitus animae« Ed. A. Führkötter/A. Carlevaris. Vgl. auch III,7, S. 471, 341-344; III,13, S. 631,506-509.

84 *Scivias*, ebd., III 13, 614,27ff. und 629,455-559. M. Immaculata Ritscher OSB, *Zur Musik der hl. Hildegard von Bingen*, in: *Hildegard von Bingen 1179-1979. Fs. zum 80. Todestag des Heiligen*, Mainz 1979, 189-262, bes. 189ff. Christel Meier, *Hildegard von Bingen*, in: *Die deutsche Literatur des Mittelalters, Verfasserlexikon*, hrsg. von K. Ruh u.a., Bd. 3, (1981²)1270.

85 Ritscher, *Ebd.*, 190.

86 Berthe Widmer, *Zum Frauenverständnis Hindegards von Bingen*, in: Theolog. Zeitschrift 45 (1989)128.

den Menschen, durch göttlichen Hauch erweckt, aus der Tiefe zur Höhe em-
porreißen.«[87]

Die Anschauung von der Harmonie des Weltganzen nach der Theorie antiker Spärenharmonie findet sich beispielsweise wieder bei Bonaventura, *In
II Sent.dist.* 13 art.I, qu.II,2: »Divinae autem dispositioni placuit, mun-
dum quasi carmen pulcherrimum quodam de cursu temporum venustare.«
Ders., *In I Sent.dist.*44 art.1 qu.3 resp.: »Similiter optime ordinatae sunt
res in finem, salvo ordine universi, quia universum est tanquam pulcherrimum carmen, quod decurrit secundum optimas consonantias, aliis partibus
succedentibus alliis, quousque res perfecte ordinentur in finem« (Q I 786),
hier ein Verweis auf Augustinus, *De civ. Dei* XI cap.18: »Ita ordinem
saeculorum tanquam pucherrimum carmen ex quibusdam quasi antithetis
honestaret«; (*De civ. Dei* XI cap.22; *De vera relig.* cap.22 n.42 seq; cap. 41
n.77) Desgleichen Augustinus, *De musica* 6,11,29 (PL 32, 1179): Über das
carmen universitati: »Was kann es Höheres geben als jenes, in dem die mei-
ste ungestörte unveränderliche ewige Gleichheit besteht? Wo keine Zeit ist,
weil keine Veränderlichkeit, und von wo die Zeiten als Nachbilder der Ewigkeit gestaltet, geordnet und gemessen werden, während die Umdrehung des
Himmels darauf antwortet und die Himmelskörper danach erneuert und ...
den Gesetzen der Gleichheit, Einheit und Ewigkeit gehorcht? So vereinen
sich mit den Himmlischen die unterworfenen Irdischen im Kreislauf ihrer
Zeiten in zahlhafter Nachfolge zu einem Liede des Weltalls.«

---

87 *Scivias* III 13, ebd., 633,573-634,605. Ritscher, s. Anm. 84,190.

Gnadenviten aus süddeutschen Frauenklöstern des 14. Jahrhunderts - Vitenschreibung als mystische Lehre

Siegfried Ringler (Essen)

Es sind Zufälle, denen wir es verdanken, daß wir heute über deutschsprachige Gnadenviten überhaupt sprechen können. Nur aus wenigen Klöstern sind sie überliefert. Um die bekanntesten zu nennen: im Fränkischen Engelthal, in Schwaben Kirchberg, in der Schweiz Oetenbach und Töß, und, meist mit hinzugenommen, aus dem Oberrheingebiet die lateinischen Viten aus Kolmar. Kaum zehn schmale schmucklose Büchlein, und dazu gerade noch vier oder fünf umfangreichere ebenso schmucklose Bücher - das ist sie also, unsere Nonnenmystik aus süddeutschen Dominikanerinnenklöstern des 13. und 14. Jahrhunders. [1] Meist nur in einer einzigen Handschrift, höchstens in drei oder vier Abschriften überliefert, niemals (außer den lateinischen Viten aus Kolmar) außerhalb des eigenen oder nahestehender Klöster: das ist kein breiter Strom der Überlieferung, kaum ein Rinnsal, das sind eher Quellen, die meist noch im Ursprungsbereich versickern. Und nur glücklichen Umständen, Zufällen also, verdanken wir es, wenn uns heute noch eine dieser Handschriften erhalten geblieben ist.

Diese Zufälligkeit scheint aber, soweit wir bisher sehen können, nicht zufällig zu sein, sondern kennzeichnend: diese Art der Mystik war kein Massenphänomen, ja sie war kaum von öffentlichem, nicht einmal von innerkirchlichem Interesse, sie blieb im wesentlichen beschränkt auf bestimmte Klöster. Und selbst hier war sie nicht unproblematisch, zumindest was die schriftlichen Äußerungen anbetraf: die meisten Visionsniederschriften und Offenbarungen einzelner Mystikerinnen konnten getrost verloren gehen, wenn sie als Material für die sogenannten Schwesternbücher (auch »Nonnenviten« genannt) gedient hatten; diese aber konzentrieren sich mehr auf die für die Klostergemeinschaft erbaulichen und zugleich rühmlichen Tugenden und Gnadengaben, erfassen nicht mehr die genuine Spiritualität der Visionärinnen. Mystisches Erleben nur noch im Derivat.

---

1 Siegfried Ringler, *Viten- und Offenbarungsliteratur in Frauenklöstern des Mittelalters,* München 1980 (MTU 72) 3-6.

Es wäre aber ein Fehlschluß, diese dürftige Überlieferung etwa mit mangelnder Qualität der Produkte zu begründen: man vergleiche nur die massenhafte Verbreitung wenig qualitätsvoller Mirakelsammlungen. Und umgekehrt: die dürftige Überlieferung des Minnesangs, die ja noch nie als Argument gegen seine Qualität geltend gemacht wurde. Wenn wir heute die soziologischen Schranken sehen, die eine breitere Überlieferung des Minnesangs
verhinderten - welche Schranken gab es für die Nonnenliteratur? Danach
wurde bisher noch kaum gefragt. Sicherlich spielte da die Pestkatastrophe
von 1348 eine Rolle, die, wenn nicht den Personalbestand der Klöster selbst,
so zumindest die Nachwuchssituation nachhaltig änderte. Aber die Gründe
liegen wohl tiefer, schon vor 1348. Hier, in dieser Nonnenliteratur, kommen
Frauen zu Wort, die aber nicht, wie etwa Hildegard von Bingen, prophetisch zu den Herrschenden sprechen und deshalb ernst genommen werden
müssen. Vielmehr, in bürgerlich geprägten Klöstern, suchen Nonnen, wenn
auch in Treue zur Kirche, so doch ihren eigenen selbstverantworteten Weg
zu Gott. Da wurden selbst die anderen Frauen, vielleicht sogar mehr noch
als die Männer, skeptisch.

Wenn wir nun heute, und gewiß nicht zufällig, diese Nonnenliteratur als
Thema zwischen Mechthild von Magdeburg und Meister Eckhart angesetzt
sehen, dann ist das, denkt man nur 10 Jahre zurück, höchst bemerkenswert.
Es scheint, daß diese Literatur heute ein Interesse findet wie nie zuvor, selbst
nicht zur Zeit ihrer Entstehung. Warum plötzlich dieses Interesse?

Vielleicht, daß in der Rationalismuskritik der Gegenwart eine neue Aufgeschlossenheit gewachsen ist für narrative Darstellungsformen und deren
Inhalte: indem wieder ein Verständnis dafür wach wird, daß der Zugang zur
Wahrheit nicht nur durch den Begriff, sondern auch im Bild möglich ist, und
daß Wirklichkeit mehr ist als nur das naturwissenschaftlich Faßbare. Außerdem stellen wir angesichts des epochemachenden Phänomens der Frauenemanzipation erstmals die Frage nach einer von Frauen beeinflußten oder
sogar geprägten Kultur, und dies führt folgerichtig zu neuer Beschäftigung
mit der Frauenbewegung des 13. und 14. Jahrhunderts. Im Hinblick auf diese
Interessenlage will ich mich nun auch auf zwei Problemstellungen, die miteinander zusammenhängen, konzentrieren: die Form der Vitenschreibung
und die Art der in ihr dargestellten Mystik.

DIE VITENSCHREIBUNG

Statt quer durch die gesamte europäische Viten- und Offenbarungsliteratur hindurch geeignete Stellen herauszusuchen, um bestimmte Thesen zu

beweisen, scheint es mir beim heutigen Stand der Forschung sinnvoll, ja
sogar zwingend nötig, von Einzelwerken in ihrer je spezifischen Struktur
auszugehen, um dann zu prüfen, inwieweit sich gewonnene Ergebnisse ver-
allgemeinern lassen. Ich gehe von dem mir vertrautesten Werk aus, dem
›Gnaden-Leben des Friedrich Sunder, Klosterkaplan zu Engelthal‹,[2] das
zwar an die Person eines Klosterkaplans anknüpft, aber so eng mit der Engelthaler Spiritualität verbunden ist, daß es getrost als ein Teil der Nonnenliteratur gelten darf. Ich halte dieses Werk zwar nicht für den Gipfelpunkt
der Nonnenliteratur, aber für ein Schlüsselstück zu ihrem Verständnis. So
lesen wir da, eingefügt zwischen Berichte aus Advents- und Weihnachtszeit,
von dem »Bruder« (wie der Kaplan in der Vita genannt wird):

» Dar näch sprach Jesußlin zuo des bruoders sel: ›Du häst min oft begert vnd mine hailige muotter gebetten, daz sie dem bruoder húlf, das ich
gaistlich von jm geborn wúrd: daz doch oft geschaehen ist, dez er nit jnnen
ward. Nun bin ich kumen vnd bin nun gaistlich von dir geborn worden. Nun
han ich zwö muottran: Maria, die ist min lipliche muotter, so bist du, liebe
sel mine, min gaistliche muotter. Nun han ich dich mit mir gespiset: nun
soltu mich mit dir gaistlichen spisen. Vnd gib mir herr din rechcz brústlin,
daz ich daz suge vnd da von gaistlichen gespiset werd.‹ Da daz Jhesußlin
ain wil haet gesogen, da hieß es jm dar näch raichen vnser fröwen, die da
gegenwúrtig waz, daz lingge prústlin der sele vnd sög daz öch etliche wil.
Da daz geschach, da sprach daz Jhesußlin zuo der sel: ›Vil liebe sel mine,
die werck die zwschen mir vnd dir geschaehen sind, die sint wunderlichen
vnd sind ain zaichen, daz wir ain ander lieb súllen haben.‹‹«[3]

Nimmt man diese Stelle als unmittelbaren Ausdruck eines Erlebens des
Klosterkaplans, muß er schon seltsame Empfindungen gehabt haben: Im
Alter von fast 70 Jahren empfindet er heftige Muttergefühle; Christus, den
er in der Kommunion empfangen hat, wird zum Kind und saugt an seinen
vollen Brüsten, spricht dann aber anschließend zu ihm nicht wie ein Kind
zur Mutter, sondern wie ein Liebender zur Geliebten. Und folgerichtig schil-
dert die nächste Szene dann auch die Vereinigung auf dem Minnebett, wobei
der greise Bruder die Gemahlin, das Jesuskind der Gemahl ist, » vnd die
haetten also minnekliche froed vnd kurczwil mit ain ander von halsen vnd
von kússen«.

---

2 Ebd., 391-444, mit Kommentar 140-380.

3 Ebd., 415, Z. 848-860; die folgenden Stellen Z. 884f.; 866-870; 865.

Jeder, der den Kaplan nicht für einen Psychopathen hält oder glaubt, in
übernatürlichen Vorgängen sei eben alles möglich, der wird sofort merken:
hier wird nicht unmittelbar ein psychisches Erleben wiedergegeben. Schil-
dert aber eine 30jährige Nonne das gleiche, dann schien bisher klar: das
hat sie wirklich auch so erlebt, in glutvoller Empfindung. Wer weiß das eigentlich so genau? Wir können nur eines genau wissen: In dieser Textstelle
wird ein mystisches Geschehen dargestellt: Gottesgeburt, *Unio mystica* und
Conubium spirituale.

Im Sunder haben wir nun den ganz seltenen Fall, daß dieses Geschehen
gleich anschließend ein zweitesmal geschildert wird, nun in der Sprache der
mystischen Terminologie, und, ein bedeutsamer Sonderfall: das Geschehen
wird zugleich auch sprachtheoretisch kommentiert:

> »Was daz sugen der zwayer brústlin betútet, daz muoß man vnsern sin-
> nen mit liplichen dingen zaigen: wann wir nit kunnen begriffen, wie daz
> zẃschen got vnd der sel ist ergangen jn ainem vnvsspraechen vßwal vnd
> jnwal der goetlichen sueßikait, dar jnnen er sich der sel erbotten hät, vnd
> also ir begird, lib vnd all ir kroeft jn sich gezogen hät.«

Die Seele wird also, mit all ihren Kräften, in den Geschehnissen von
Gottesgeburt und Unio in den innertrinitarischen Emanationsprozeß hin-
eingezogen. Dieses Geschehen aber ist unbegreiflich (*wann wir nit kunnen
begriffen*) und erst recht nicht in Worten wiederzugeben (*vnvsspraechen*);
deshalb muß es in einer bildhaften Sprache (*mit liplichen dingen*), die sinnlich (*vnsern sinnen*) erfaßbar und zugleich zeichenhaft bedeutsam ist (*was
daz betútet, daz muoß man zaigen*) vermittelt werden.

Doch auch jetzt noch läßt sich weiterfragen:[4] Ist ein so Dargestelltes nun
auch wirklich erlebt oder nicht? Wirklich erlebt, das heißt wirklich als Vision gesehen oder als Audition gehört, so wie es auch der Sunder versichert:
»*Diß alles tet vnser fröu näch meß dem bruoder kunt.*« So wäre dann die
geschilderte Audition echte Erlebnismystik, die erklärende Stelle dann die
vorauszusetzende oder davon abgeleitete mystische Lehre. Wir kennen andererseits Stellen, die lassen uns an solchem Erleben zweifeln, wenn zum

---

4 Siehe dazu bes. Peter Dinzelbacher, *Zur Interpretation erlebnismystischer Texte des
  Mittelalters*, ZfdA 117 (1988) 1-23.

Beispiel bei Christine Ebner[5] ein Engel kommt, ihr das Lied »Von Syon ir zarten kind‹[6] mit vollem Text vorsingt und sie danach das Leid in Wortlaut und Melodie gelernt hat. Ist dies auch erlebte Vision, oder dient der Bericht nur dazu, um ein bestimmtes Lied der Klostergemeinschaft zu vermitteln und mit höherer Beglaubigung zu versehen?

Um es kurz zu machen: Wir brauchen es nicht zu wissen, und in vielen Fällen können wir es auch nicht mehr wissen. Schon der Begriff »Erlebnismystik« ist eigentlich problematisch. War die mystische Erfahrung einer Mechthild von Magdeburg mehr erlebt als die eines Meister Eckhart? Mystik ist eine viel zu sehr den ganzen Menschen und sein ganzes Leben erfassende und umgestaltende personale Erfahrung, als daß wir hier den Begriff »Erleben« abtrennen können. Muß dieses Erleben dann stärker sein, wenn es auch im Erlebnisstil ausgesprochen wird, und schwächer, wenn es in Traktatform sich äußert? Wenn es in tagebuchartigen Niederschriften oder in systematischer Gliederung dargeboten wird? Welche Stilart gewählt wird, hängt von vielen Komponenten ab, von der Individualität des Sprechenden ebenso wie von der Disposition der möglichen Hörer oder Leser, von der Art der Erfahrung ebenso wie von der Art der verfügbaren Ausdrucksmittel.[7]

Je nach dem, welche Komponenten in diesem Kommunikationsprozeß überwiegen, scheinen sich bereits jetzt, ohne daß genauere Untersuchungen und festgelegte Begriffe vorliegen, unterschiedliche Formen der Viten- und Offenbarungsliteratur voneinander abzuheben: Visionsniederschriften, prophetische Bücher, Revelationen und eben auch Gnadenviten; zu vermeiden wären Begriffe wie Biographie oder Autobiographie, falls sie nicht völlig ihren festgelegten nachmittelalterlichen Sinngehalt verlieren sollten. Und je nach Stilform werden wir dann mehr oder weniger oder gar nicht - und wir dürfen die Reihenfolge auch umkehren: gar nicht oder teilweise oder weitgehend - auf den konkreten Erlebnisgehalt, und zwar im Sinne des konkreten Hörens und Sehens, schließen können.

---

5 Christine Ebner, hier und im folgenden zitiert nach (noch unkorrigierten, mir freundlicherweise von Frau Ursula Peters zur Verfügung gestellten) Abschriften der Hss.:
CE S Landesbibliothek Stuttgart, cod. theol. et phil. 2° 282.
CE N Stadtbibliothek Nürnberg, cod. Cent. V, App. 99 (Abschrift in CE S f.40r-70v).

6 CE S f.86v.

7 Siehe dazu auch Siegfried Ringler, Die Rezeption mittelalterlicher Frauenmystik als wissenschafliches Problem, dargestellt am Werk der Christine Ebner, in: Peter Dinzelbacher/Dieter R. Bauer(Hrsg.), Frauenmystik im Mittelalter, Ostfildern 1985, 178-200, hier bes. 186-189.

Dies ist dann aber eine Frage differenzierter literarischer Analyse. Auch lebendige Sprache ist eben nicht einfach unvermittelte Wiedergabe von Wirklichkeit, zu deren Erfassung ein naiv unmittelbares, wörtliches Verständnis hinreichen könnte. Und dies ist gemeint, wenn ich als Grundlage allen Umgangs mit der Nonnenliteratur postuliere: Grundsätzlich ist vom Literaturcharakter des Werks auszugehen. Erst die Kenntnis der literarischen Tradition und der gattungsspezifischen Struktur ermöglicht weitere wissenschaftliche Fragestellungen. Dies ist meiner Meinung nach kein angemaßtes Postulat von in Fachgrenzen denkenden Philologen, sondern eine informationstheoretische Selbstverständlichkeit, die wir mutatis mutandis schon längst anerkennen, wenn es sich um Werke der Malerei, der Musik, um die Bibel, um Rechtsquellen oder was auch sonst handelt. Daß dieser geforderte philologische Zugang zu den Texten die Fragestellungen anderer Wissenschaften gerade nicht ausschließt, sondern dazu hinführt, brauche ich wohl nicht eigens zu begründen.

Freilich werden dann auch diese Wissenschaften vielfach nicht feststellen können: Was war nun die erlebte Wirklichkeit, die Qualität des persönlichen Erfahrens? Müssen deshalb Historik, Theologie, Psychologie usw. resignieren? Ich finde, nein. Ich meine sogar: Sie finden dann erst ihr Aufgabenfeld, das heutigen Fragestellungen entspricht. Denn wenn auch Fragestellungen des 19. Jahrhunderts, etwa im Sinne der Hagiographie oder einer personenbezogen Geschichtsschreibung, heute noch durchaus ihre Berechtigung haben können, so haben diese Fragestellungen doch auch den Blick auf anderes verstellt. Um es provokant zu formulieren: ist es heute noch so ausschlaggebend, ob Friedrich Sunder (oder auch Christine Ebner) besonders begnadet oder nur belesen oder nur besonders phantasievoll waren, und was an ihren Erlebnissen echt oder nur »literarisch« ist? Sind die *Personen* in vielem ungreifbar, so haben wir doch die *Werke* vor uns, und diese Werke haben einen Eigenwert, der weit über die Person ihrer Urheber hinausreicht. Wenn wir wenig sehen, *wer* die Werke geschrieben hat, so sehen wir vielleicht deutlicher, *für wen* Mystisches jetzt geschrieben wird. Warum wurden im 13. Jahrhundert, in dem doch anscheinend weit mehr mystisch Begabte in den Klöstern lebten, so wenig aufgeschrieben; warum im 14. Jahrhundert dann dieser Mitteilungsdrang? Ich gebe mich nicht mehr mit der alten Antwort zufrieden: das waren eben Leute, denen die große Vergangenheit vor Augen gestellt werden sollte. Nostalgie aus Dekadenzgefühl? Hat denn Meister Eckhart vor Nostalgikern gepredigt? Und warum behalten diese Frauen, diese *illiteratae*, ihre Erfahrungen nicht mehr für sich oder geben sie höchstens mündlich ihren Vertrauten weiter, sondern schreiben sie auf oder lassen sie für andere aufschreiben? Gewiß: es diente zum Lobe Gottes - aber das hätte auch schon im 13. Jahrhundert gegolten. So tun sich einer Historik, die mehr sein will als nur Personengeschichte, einer Frömmigkeitsforschung, die mehr sein will als nur Hagiographie, einer Psychologie, die mehr sein will als nur Individualpsychologie, neue weite Forschungsbereiche auf. Ich hoffe: hier werden erstmals die Menschen erkennbar, für die ein Meister Eckhart, Seuse und Tauler predigten.

Und es wird sich zeigen: Mystik in Deutschland, das war nicht ein schön blühender Garten inniger Religiosität, von gelehrten Predigern sorgsam betreut; wir sehen vielmehr, um im Bild zu bleiben, einen Biotop in Entwicklung, voller Artenvielfalt, wo Wildpflanzen und Kulturpflanzen aufeinandertreffen und noch lange nicht zum Gleichgewicht der Arten gefunden haben. In Engelthal und Kirchberg entwickelte sich anderes als in Töß und in Oetenbach, und selbst innerhalb der einzelnen Klöster geht die Auseinandersetzung um die rechte Spiritualität. Warum werden die Visionsniederschriften herausragender Schwestern unter Verschluß gehalten oder, wie es anscheinend meist der Fall war, gar nicht mehr aufbewahrt, wenn man sie für die Schwesternbücher ausgewertet hatte, in denen das Problematische eliminiert ist? Hier waren offensichtlich besorgte Gärtner am Werk.

Und besorgt konnte man sein. Die Frauen in den Klöstern waren, wie Christine Ebner schreibt, kühn geworden, wie sie es zuvor nie gewagt hatten.[8] Gilt das nur für ihre religiösen Gefühle? Ich glaube zu erkennen: es betrifft auch ihre theologischen Auffassungen, ihre Stellung in der Kirche und Gesellschaft.

Ja, einem zeitgenössischen Beobachter konnten diese Frauen nicht nur kühn erscheinen; mußte man nicht eher von tollkühn sprechen? Wir lesen: »Sy waz etwen in einer forcht, daz nach red vnd sund wer sw etwaz redt von vbelen dingen. do ward ir geantwurt von einen waren einval ... das es denne weder nachred noch sund were, es hetten die heiligen hi vor getan vnd sunderlich der babst gregory ward ir der zü genant an des buchen fund mans.« Wir können die Situation erschließen: Als Christine Ebner Kritik geäußert hatte, konnte sie hören, Nestbeschmutzung, ja Sünde sei das. (Und wir können uns die Begründung denken: Erhebt sich die Frau nicht

---

8 CE N f.87v u. 142r.

über die ihr zukommende Demut?) Und nun die Antwort: Haben es die
Heiligen getan und Papst Gregor, dann darf sie, die Nonne, es auch tun, ja,
sie muß es sogar, unter Berufung auf den Evangelisten Johannes: *»der vbel
gut mach vnd gut vbel, der tut wider die gerechtikeit.«*[9] Diese Kritik geht
bald auch über das Kloster hinaus; sie gilt zum Beispiel der Nürnberger
Justiz, indem in der Stadt aufgetretene Leiden (vielleicht die Pest?) unter
anderem damit erklärt werden: *» daz si witwen vn armen leuten uf geriht
smehlichen getan haben.«*[10] In der Irrung zwischen Ludwig dem Bayern und
Papst Johann XXII. spricht Gott zu ihr: *»geystlich leut hant noch mynder
gericht danne weltlich lwt uber die sunde ... meiner gerechtikeit mag nieman
enpfliehen. «* Würde der Papst etwas in üblem Sinne tun, so müsse ers in der
Hölle büßen.[11] In das, was ihr geoffenbart wird und was sie im religiösen
Bereich für richtig hält, läßt sie sich auch von keinem Gelehrten und keinem
Priester hineinreden. Ihr Schreiber berichtet: *» si wil dirre ding aller also
sicher sein die got mit ir begangen het vnd dw ich geschriben han, wer das
daz all meister dirre welt der retten, sie wolt si doch fur ein warheit han.«*[12]
Und Gott spricht zu ihr: *» ich hon allen pristern gwalt über dich gnomen
daz mich dir ir keiner geweren mag ez sei denn mein wille.«*[13]

Angesichts dieser Stelle ist es für uns heute wohl ziemlich belanglos, ob
dies unmittelbar so erlebt, so gehört wurde oder nicht, ob es zum Beispiel tatsächlich Gott sein mußte, der Christine Ebner auf die Fundstelle
bei Papst Gregor hinwies. Für uns jedenfalls wird deutlich: hier stellt
eine Frau einen Anspruch, wie er in dieser Art nirgends sonst in Gesellschaft und Kirche gestellt werden konnte. Hier spricht eine Frau etwas aus,
was sie nirgends sonst öffentlich äußern dürfte. Solche Aussagen machen
konnte sie nur in einer Form: in der Form der beglaubigten Vision. Wenn
Nonnen Visionen aufschreiben oder aufschreiben lassen, so hat dies nicht
nur einen religiösen oder einen psychologischen Hintergrund, sondern auch
einen soziologischen. Will nämlich eine Frau zu Fragen der Theologie, des
religiösen Lebens, der Politik, der Gesellschaft etwas öffentlich äußern, so
stehen ihr keine Lehrstühle offen, sie kann keine Traktate verfassen, keine
Romane oder Erzählungen publizieren. Nur als Visionärin wird ihr Gehör

---

9 CE S f.119v.

10 CE N f.86rf.

11 CE S f.79r.

12 CE S 118v.

13 CE N 141v.

zuteil. Und diese Gelegenheit nehmen jetzt auch, seit dem Ende des 13. Jahrhunderts, Nonnen aus den Dominikanerinnenklöstern mehr als zuvor wahr. Es geht ihnen nicht nur um den eigenen Weg zur Vollkommenheit, es geht auch um ein Einwirken auf die Klostergemeinschaft, auf die Kirche und die Gesellschaft.

Noch greifbarer wird die Absicht, wenn Visionen zum Beispiel etwas über die Art der Askese, die Form von Gebeten, die Häufigkeit des Kommunionempfangs, die Kleidung von Nürnberger Frauen, die Pest, die deutsche Königswahl und vieles andere mehr aussagen. Hier wird versucht, bestimmte Gebräuche zu etablieren oder zu legitimieren, bestimmte Frömmigkeitsübungen zu rechtfertigen, bestimmte Ansichten über - ja eigentlich über alles, was einen aufmerksamen Zeitbeobachter beschäftigen konnte, zu äußern.

Allerdings, soweit diese Nonnen als Zeitbeobachter auftreten, ist ihr Blick, ganz anders als etwa bei Hildegard von Bingen, im wesentlichen lokal begrenzt: selbst wenn sich Christine Ebner über Karl IV. äußert, steht es in Zusammenhang mit Nürnberger politischen Interessen. Auch dies aber ist ein aufschlußreiches historisches Indiz: Zeitgeschichte ist für die meisten Menschen damals nicht mehr Reichsgeschichte, sondern Lokalgeschichte. Eine Jeanne d'Arc, aber auch eine Katharina von Siena oder Theresa von Avila konnte es im damaligen Deutschland nicht geben; es fehlte der Wirkungsraum.

Mag es im Kausalzusammenhang damit stehen oder seine eigenen Gründe haben: im wesentlichen geht der Blick dieser Nonnen doch auf den inneren Bereich. Christine Ebner, die manchmal nach außen blickt, ist da schon die Ausnahme; die Vita des Klosterkaplans Friedrich Sunder kennt keine Außenwelt,[14] der Blick richtet sich zentral auf den einzelnen Menschen und seinen unmittelbaren Lebensbereich. Erneuerung durch Erneuerung des eigenen Lebens! So hat es, meine ich, eine gewisse innere Konsequenz, wenn die Visionen und Offenbarungen, je mehr sie zur Verbreitung bestimmt sind und literarisch geformt werden, desto mehr die Form nicht einer Offenbarung, sondern die einer Vita erlangen. Soweit Texte in mehreren Fassungen erhalten sind, läßt sich ein solcher Prozeß beobachten, zum Beispiel bei Adelheid Langmann, wo durch Auslassungen, Raffungen und Erweite-

---

14 S. Ringler (wie Anm.1) 345 u. 348f.

rungen sowie durch stilistische Änderungen der Text zwar stofflich nicht
sehr geändert wird, aber doch eine deutlich andere Struktur und Intention
erhält.[15] Texte sind eben nicht nur Stoffsammlungen, und derjenige irrt,
der meint, stilistische Gestaltung sei sekundär. Ich behaupte sogar: eine
wesentliche Aussage einer Gnadenvita ist die Form selbst. Die Visionen, Offenbarungen und gnadenreichen Geschehnisse formen sich zu einem Leben,
ja sind für diese Nonnen das eigentliche Leben selbst.

Entsprechend reduzieren oder eliminieren stilbewußte Autoren und Re-
daktoren mehr oder weniger konsequent all das, was nur Fakten des äußeren
Lebens sind. Wichtig allein ist das Leben in der Gnade. Dieses entfaltet sich
im Empfang unverdienter Gnadenauszeichnungen bis hin zu den Erlebnissen der Gottbegegnung, aber auch in den Zuständen scheinbarer Gottferne
sowie in der Gestaltung des Alltags. Dieses Leben in, aus und mit der Gnade
findet in der Form der Gnadenvita seinen sinngemäßen Ausdruck. Die literarische Form »Gnadenvita« ist somit der geradezu natürliche Ausdruck
ihres Inhalts.

DIE MYSTISCHE LEHRE

In seinem Leben bewährt sich der Begnadete im Spannungsfeld von Vita
activa und contemplativa, und zwar durch Gebet, Betrachtung, Askese,
Mitvollzug der kirchlichen Liturgie, besonders der Meßfeier, und Erfüllung
der klösterlichen Aufgaben. In dieser Aufzählung verbirgt sich freilich er-
hebliche Problematik. In Engelthal etwa, wo man besonders die eucharisti-
sche Frömmigkeit förderte, werden wesentlich andere Akzente gesetzt als in
Schweizer Klöstern, wo die Passionsbetrachtung gepflegt wurde. Auch innerhalb der einzelnen Klöster bestehen oft deutliche Unterschiede. So tritt
die körperliche Kasteiung im ›Gnadenleben‹ des Friedrich Sunder fast ganz
zurück, während sie in der Vita der Christine Ebner ausführlich geschildert
ist. Ob die einzelnen Viten und auch die Kurzviten der Schwesternbücher
hier bewußt Positionen markieren in der Auseinandersetzung um die rich-
tige Form des Lebensvollzugs? Wir können heute nur erst die Frage stellen;
bei einer Beantwortung wäre gewiß auch ein Zusammenhang zur Seuse-Vita
herzustellen.

Allein diese Problemstellung zeigt uns aber schon: die Viten können nicht
nur von der Person des Begnadeten her gesehen werden. Indem sie sein Gnadenleben schildern, nehmen sie indirekt, aber deutlich zugleich Stellung zu

---

15 *Ebd.*, 65-82, bes. 78-82.

diskutierten Fragen, vermitteln sie zugleich eine Lehre. Daß diese Lehre mystische Lehre ist, habe ich an anderer Stelle dargelegt[16], deshalb will ich heute mehr einige Besonderheiten dieser Lehre, und den vermuteten Hintergrund, näher betrachten.

Christine Ebner berichtet, ziemlich am Anfang ihrer Aufzeichnungen: *»Es geschach ein wunderlich dink: der mensch wart do enzukt vn ducht sie, daz die engel komen vn sie furten uß dem closter an ein stat. da sasz vnser her daz gericht vnd die zwölf poten mit im vn ander heiligen. vil sel verteilt er in den ewigen tod, etlich in daz fegfür. Nün waz ir sorg vnmassen groß vnd waz sin antlitz also gerechteclich gestalt.«*[17] An anderer Stelle heißt es: *»Er sprach ich ain abgrund aller gerechtikeit. Ich han mein gerechtikeit gen dir lassen e schleifen vnd han dir geregent die pach meiner miltikeit. ... Ich liess mich die minne dar vmb verwunden das ich gegn dir oder gegen menschlichem geschlecht dest mer minn hett. ... darnach sprach der vatter: ich han all die welt gemint in der minne mins einbarnen suns.«*[18]

Zwei Gottesbilder stehen sich hier gegenüber und werden zu einem Problem, das Christine Ebner tief beschäftigt: Ist Gott der Gerechte, oder ist er der Liebende? Eine Differenzierung anhand der Personen der Dreifaltigkeit wird ausgeschlossen, denn auch Gott Vater ist der liebende Gott (siehe oben). Auf dogmatischer Ebene hat Christine Ebner, soweit ich sehe, das Problem des Gottesbildes nie lösen können; für sich selbst aber hatte sie eindeutig entschieden: *sie* konnte Gott nur als den Liebenden erfahren. Schon die Vision des strengen Richters wird damit abgeschlossen, daß eine andere Vision dagegen gesetzt wird: *» Zu einen zyten sprach vnser her zu dem menschen: ich minnet dich so als ob ich neman hab dan dich.«*[19] Dieser Ausspruch wird geradezu zum Leitmotiv in Christine Ebners Werk. In gleichsam trinitarischer Sprachformel heißt es: *» Ich han dich gemint mit meiner verminten minn. ... do tett ich alls ein trunkner mensch, der von minnen trunken ist vnd vnwissent sin selbs. ... Ich pin zü dir komen nit als ein richter, als ein heiler. Ich pin zü dir komen nit als ein verdamner. Ich pin zü dir komen als ein behalter.«*[20]

---

16 *Ebd.*, 352-355.

17 CE S f.87r.

18 CE S f.135v.

19 CE S f.87v.

20 CE S f.136r.

Das Bild des Richters wird nur noch zitiert, um den Gedanken der Gerechtigkeit angesichts einer sündigen Welt nicht gänzlich fallen zu lassen: *» Er sprach pin ich nu ein strenger rihter mein feinden, so pin ich auch ein minneclicher minner mein freunten.«* Aber die Betonung liegt eindeutig auf dem letzten Satzteil; denn anschließend heißt es ausdrücklich: *» ditz dink sol geschriben werden swer ez hernoch hört oder list daz der dester mer minn vnd gedingen hab zu disen dingen.«*[21] Und schließlich wird sogar, unter heilsgeschichtlichem Aspekt, ganz umfassend formuliert: *» Do sprach er in der alten e do waz ich ein herscher. Aber nu in der newen e bin ich der werlt ein minner.«*[22]

Gewiß, beide Gottesvorstellungen waren schon vorher bekannt, aber wir wissen auch, wie sehr das Bild von Gott als dem Richter im Glaubensleben dominierte. Dagegen wird nun in geradezu leidenschaftlichem Bemühen das andere Gottesbild entwickelt, und es geht noch über Gewohntes hinaus: *»Do sprach er ... ich pin ein armer pilgrein ... vnd claget ir ... mit cleglicher clage daz der vil weren den er gern gutlicher tet von seiner barmhertzikeit.«*[23]

Hier geschieht wirklich Bemerkenswertes: Das autoritäre Gottesbild wird zurückgedrängt - es wird zwar nie ausdrücklich negiert, aber fortlaufend mehr und mehr durch ein anderes ersetzt, das anstelle der Macht die Minne und Barmherzigkeit sehen läßt, wo Gott dem Menschen nicht gegenübertritt als der strenge Vater und Richter, sondern ihm begegnet wie eine Mutter, als ein Geliebter und als Kind, ja als ein armer Pilger. Dabei wird keineswegs Gottes Autorität verkleinert, sondern eher noch mehr bewußt: er ist der große Gott, *» von des angesicht erschreken Cherubim vnd Seraphim die engel«,*[24] aber das Erschreckende an ihm ist für den Menschen nicht seine strafende Gewalt, sondern die Unbedingtheit seiner Liebe.

Was bei Christine Ebner in innerer Auseinandersetzung sich entwickelt, ist bei Friedrich Sunder und auch im Engelthaler und Kirchberger Schwesternbuch kein Problem: das Bild Gottes als des Liebenden, der sich in seiner Gnade mitteilt, ist so umfassend, daß es keiner Gerichts-, Straf und Höllen-

---

21 CE N f.130r.

22 CE N f.95v.

23 CE N f.70rf.

24 CE S f.137v.

drohung bedarf; der Teufel kann in dieser Glaubenswelt schlichtweg fehlen. Wie revolutionär dieses Gottesbild empfunden wurde und wirken mußte, wird uns deutlich, wenn Christine Ebner Gott so dazu sagen hört: »*ez torst sant paulus pei sein zeiten nit do von geprediget haben.*«[25]

Was war der Hintergrund? Die gleiche Stelle weist auf ihn hin. Mitglieder des Dominikanerordens, »*di die schrift so gar durchgangen haben vnd so innerlichen vnd edellichen predigen*«, »*die machent der leut hertzen kün* «.[26] Und Christine Ebner zitiert aus einer Predigt: »*der vatter von himel hett vns allen vnser sund vergeben; wir weren worden sinü kint; wir weren in got ernwert; dü verloren zyt wer erfult.*«[27]

Wir wissen, daß solche dominikanische Predigt nicht den Anstoß gegeben hat zur Mystik in den Nonnenklöstern; als Christine Ebner diese Predigt hört (vermutlich um 1325), hat sie schon über 30 Jahre lang besondere Gnaden erfahren; auch Friedrich Sunder war schon lange in Gnadenzuständen, bevor der Dominikaner Conrad von Füssen davon vernahm und ihn ebenso wie Christine Ebner zur Niederschrift drängte. Die Dominikaner finden mystisches Leben also schon vor, und sie reagieren darauf: sie veranlassen Niederschriften, bei denen sie beratend oder redaktionell Einfluß nehmen können, und greifen zugleich durch ihre Predigt das Gehörte auf, suchen es mit Hilfe der Schrift zu deuten und gehen auch dazu über, selbst Anstöße zu geben, Sinngebung und Zielrichtung zu vermitteln. (Ersichtlich etwa an einer bei Sunder erwähnten dominikanischen Weihnachtspredigt über die Gottesgeburt, die im Tauler-Corpus überliefert ist.[28]) Otto Langer hat nun aufgezeigt, wie Eckhart-Predigten geradezu als Replik auf mystische Frömmigkeit in den Schweizer Klöstern gelesen werden können.[29] Unter diesem Gesichtspunkt werden nun auch die Engelthaler Schriften neu zu lesen sein. Schon ein erster Blick zeigt: In allen vier Punkten, in denen sich nach Langer Eckhart gegen die schweizerische Nonnenmystik stellt, stehen die Engelthaler Werke nahe zur Position Eckharts, ja zeigen manche Ähn-

---

25 CE N f.142r.

26 CE N f.142r

27 CE S f.77v.

28 Bei Ringler (wie Anm.1) 417, Z. 925-929 u. 264f.

29 Otto Langer, *Mystische Erfahrung und spirituelle Theologie.* Zu Meister Eckharts Auseinandersetzung mit der Frauenfrömmigkeit seiner Zeit, München 1987 (MTU 91) bes. 156f.; 167; 206; 225; 240; 252; 285; 230.

lichkeiten.

1. Eckhart stellt gegenüber den Nonnen heraus, der mystische *ker* bestehe
nicht in der Loslösung von der Welt, nicht in der Weltflucht, sondern in der
Brechung des Eigenwillens. Das Aufgeben des Eigenwillens, im Engelthaler
Schwesternbuch übrigens von dem Dominikaner Conrad von Füssen gefor-
dert, ist dann auch betont der Beginn von Friedrich Sunders ›Gnadenleben‹
und manifestiert sich, ebenso wie bei Christine Ebner, gerade darin, daß auf
den Todeswunsch, als extremste Form der Weltflucht, verzichtet wird. Das
neue Leben ganz nach Gottes Willen aber kennt, bei der Nonne ebenso wie
dem Klosterkaplan, den ständigen Kontakt zur Außenwelt. Die Welt ist
nicht dualistisch gesehen, sondern in all ihren Bereichen auf Gott hingeord-
net.

2. Während die Schweizer Nonnenviten äußere Bußwerke und Gottesnähe
quasikausal verknüpfen, fordert Eckhart nicht Gewalt gegen den Leib, sondern vielmehr ein Aufzäumen des Leibes mit der Liebe. Bei Friedrich Sunder sind asketische Übungen im ganzen Gnadenleben, außer in einer kurzen
Erwähnung im nachträglichen Prolog, gänzlich außer Acht gelassen; es geht
einzig um das Wirken der Gnade. Bei Christine Ebner werden harte Ka-
steiungen ausführlich geschildert; der zweite Teil des Werks dagegen ließe
sich trefflich in Eckharts Sinn als ein einziges » Aufzäumen des Leibs mit
der Liebe« kennzeichnen. Hier müßte eine Strukturuntersuchung klären, ob
damit die Askese im Sinn der Kasteiung überholt sein sollte. Gnade und
Gottesnähe jedenfalls sind stets gänzlich unverdient.

3. Wenn Eckhart über die Subjektivierung des Gebets in den Nonnenviten hinausgeht, indem er die unmittelbarste Gebetsbeziehung darin sieht,
daß in der schweigenden Seele Gott selbst sein Wort spricht, so erinnert
das an manche Stelle bei Christine Ebner, wo der Mensch, der das Un-
genügen seines Dankens erkannt hat, dann hineingenommen wird in den
Dank, den Gott in den Personen der Dreifaltigkeit sich selbst spricht. Wenn
Eckhart dann statt sinnlicher Erfahrungen Gottes eine Entphantasierung
des Glaubens fordert, so müssen hierzu die Engelthaler Viten schon aus sti-
listischen Gründen in Widerspruch stehen. Zum Teil könnte dies jedoch ein
Scheingegensatz sein, denn im ›Gnaden-Leben‹ Friedrich Sunders sind die
Bilder deutlich nur literarische Setzungen und es wird ausdrücklich betont,
daß Sunder selbst nie corporaliter Visionen oder Auditionen erfahren hat,
und auch bei Christine Ebner werden nur selten Visionen und fast gar nicht

außerordentliche Zustände, Ekstasen, Entrückungen geschildert, obwohl sie offensichtlich solche Erfahrungen gemacht hat; die Begegnung mit Gott wird fast ausschließlich in der Form des Gesprächs wiedergegeben.

4. Eckhart scheint am Leiden Christi kaum interessiert; auch in Engelthal kann man nicht, trotz einiger Anklänge, von einer Passionsmystik sprechen. Die Auffassung, daß Unio nicht Vereinigung mit Gott, sondern Teilhabe am göttlichen Einsseinn bedeute, wäre sorgfältig zu vergleichen mit dem Bericht von der Entrückung in die Gottheit, der im ›Gnaden-Leben‹ des Friedrich Sunder an zentraler Stelle steht. Wenn Eckhart betont, daß derjenige, der mit Gott eins ist, sich zur sozialen Existenz hin öffnet, so fällt bei Sunder auf, daß in streng durchkomponierter Darstellung aus dem Erleben der Gotteinigung unmittelbar folgend eine Tugendlehre abgeleitet wird. Im anschließenden Teil über das seelsorgerische Gnadenwirken wird dann auch, ähnlich wie bei Eckhart, die *actio* gegenüber einem rein kontemplativen Leben betont. Das Lassen Gottes um des Nächsten willen zeigt Christine Ebner, wenn sie eine Entrückung unterbricht, um dem ratsuchenden Burggrafen von Nürnberg ins Gewissen zu reden.

Was ich hier aufgezeigt habe - und da möchte ich allen Mißverständnissen vorbeugen -, das sind nicht Übereinstimmungen oder gar Ableitungen, das sind Ähnlichkeiten und Anklänge. Sie reichen nicht aus, um eine Abhängigkeit zu beweisen, aber sie reichen hin, um eines deutlich zu machen: Die Mystik der Eckhart, Seuse und Tauler ist nicht eine von den Ordensschulen kommende Belehrung der Nonnen, bei der die einen die Gebenden, die anderen die Empfangenden waren, sondern sie ist Teil eines Diskurses über neue Formen der Gotterfahrung, eines Diskurses, an dem die Nonnen aktiv beteiligt waren. Dabei scheinen die Frauenklöster selbst von unterschiedlichen Strömungen her beeinflußt zu sein, die schweizerischen Klöster etwa von der Spiritualität der ›Vitas Patrum‹ (womit sich dann auch Seuse auseinandersetzte), das fränkische Engelthal von einer Überlieferung, die mit Stichwörtern wie Helfta, Zisterziensermystik und Tochter-Syon-Dichtungen angedeutet sein könnte. Hier, und auch in Hinblick auf etwaige sozialgeschichtliche Einflüsse, ist für die Forschung noch fast alles zu tun. An diesen Fragen wird ferner aber keiner mehr vorbeikommen, der die deutschsprachige Mystik des frühen 14. Jahrhunderts kennenlernen will.

FRAUENKLÖSTERLICHE VITENSCHREIBUNG ALS LEHRE: NARRATIVE
THEOLOGIE IN NARRATIVER PÄDAGOGIK

Ich will jedoch nicht damit schließen, die Nonnenliteratur in den Bereich
der Mystik einzuordnen. Ich sehe in den Werken dieser Nonnen eine Eigenleistung, die weit über den Bereich der Mystik hinausreicht und uns in
vielem Anregungen geben kann. Diese Leistung liegt gerade in dem, was bisher als Schwäche galt: Mystik in Form von scheinbar naiven Geschichten,
herabgesunken auf das Niveau angeblich wenig reflektierter und angeblich
wesensmäßig zu Emotionen neigender Frauen. Wenn wir aufzeigen konnten,
daß hier in Form eines Lebens mystische Lehre vorgetragen wird, dann heißt
das doch: diese Werke machen deutlich: - Lehre und Leben sind eins. Vermittelt wird dies nicht in Begriffen, sondern in narrativer Form, wie sie dem
mittelalterlichen, ja überhaupt dem bibelkundigen Leser vertraut ist. Der
heutige Leser ist gewohnt, Lehre über den Kopf zu empfangen (und sie dann
auch, ohne Folgen für sich zu ziehen, dort zu belassen); er wird sich deshalb
zuerst mit diesen Texten schwer tun, empfindet sie ungeordnet, geistig naiv,
handlungsarm und in ihren ständigen Wiederholungen ermüdend. Hat man
sich jedoch durch die vielen Seiten hindurchbemüht, auch wenn es nur mit
wissenschaftlichem Interesse geschehen ist, wird man plötzlich überrascht
feststellen: Wer den Friedrich Sunder, die Christine Ebner gelesen hat, der
kann sich nicht mehr vor einem strengen Richtergott fürchten. Was ist geschehen? Im Vor und Zurück der Erzählbewegungen, im Ablauf der Bilder
und Gespräche entfaltet sich ein Lehren, das eine eigene Art von Überzeu-
gungskraft hat, indem es gerade nicht belehrt, sondern am eigenen Denken
und Empfinden teilhaben läßt, nach geradezu musikalischen Prinzipien -
in Leitmotiven, Variationen, Rhythmusänderungen u.a. - langsam, in immer neuen Versuchen, mit Abweichungen, Stillständen und dann wieder raschen Fortschritten, wie das Leben nun einmal abläuft. Es ist eine narrative
Theologie, die hier vorgetragen wird, und eine narrative Pädagogik, in der
sie vermittelt wird. Indem das Gemeinte im Bild und Gespräch entwickelt
wird, beläßt es die Möglichkeit der Deutung und Subjektivierung. Ich finde:
es ist eine nicht-autoritäre Theologie, in Übereinstimmung mit dem nicht-
autoritären Gottesbild, und es ist eine nicht-autoritäre Pädagogik. Sieht
man die Struktur der damaligen Gesellschaft, so hat man vielleicht eine der
möglichen Erklärungen auch für die Erfolglosigkeit dieses Tuns. Wenn man
sich erinnert, auf wie wenige diese frauenklösterliche Vitenschreibung beschränkt blieb, so fragt man sich: Lebten diese Frauen einige Jahrhunderte
zu früh, oder blieben die Menschen ihrer Zeit und auch wir bis heute hinter
ihnen zurück?

TEXTANHANG

Die Seiten 106-131 sind von Margot Schmidt bearbeitet worden, die Seiten
132-139 von Irene Berkenbusch. Für die Textausgaben siehe Seite 43,
Anm. 2; S. 61, Anm. 3; S. 45, Anm. 4.

›Das fliessende Licht der Gottheit‹

Texte zum Bild des Duftes

I,16

Got gelichet die sele vier dingen

Du smekest als ein wintrúbel,
du rúchest als ein balsam,
du lúhtest als dú sunne,
du bist ein zuonemunge miner hoehsten minne.

V,31 (Exzerpt)

So spriche ich uz dem munde der warheit alsus:

» Herre, die gerunge die ich zuo dir habe in dinem zuge,
herre, die wisheit die ich denne *enpfa* in der minne vluge,
herre, die einunge die ich denne begriffe in dinem willen,
herre, die stetekeit die ich denne behalte nach diner gabe
herre, die suessú gehúgnisse als ich din gedenke,
herre, die verwenete minne die ich zuo dir habe,
die ist in ir selben also rich
und vor din̄en gottes ovgen also gros,

eb du es nit wistest, herre, so moehten es nit allú santkoerner, alle wassertropfen, alles gras und lovp, stein und holz, alle toten creaturen, da zuo alle
lebenden creaturen: vische, tier, wúrme, vliegende und kriechende, túfel,
heiden, juden und alle dine viende, noch me: alle dine vrúnde, menschen,
engel, heligen; nu, eb alle die personen sprechen koenden, wolten und rieffen
ane underlas untz an den jungesten tag, werdlich herre, das weistu wol, si
moehtin dir nit halp gekúndigen die meinunge miner gerunge und die not
miner quelunge und das jagen mines herzen und das ufruken miner sele nach
dem smake diner salben und dem ungescheidenen anhangen ane underlas.«

Texte zum Bild des Duftes.

I,16

Gott vergleicht die Seele vier Dingen

Du schmeckts wie eine Weintraube
Du duftest wie ein Balsam,
Du leuchtest wie die Sonne,
Du bist ein Wachstum meiner höchsten Minne.

V,31

Dann spreche ich aus dem Munde der Wahrheit:

» Herr, die Sehnsucht, die ich nach dir habe, von deinem Zuge,
Herr, die Weisheit, die ich dann empfange im Liebesfluge,
Herr, die Vereinung, die ich dann erfasse in deinem Willen,
Herr, die Beständigkeit, die ich dann behalte in deiner Gnade
Herr, die süße Erinnerung, wenn ich deiner gedenke,
Herr, die zärtliche Liebe, die ich zu dir habe,
die ist in sich selbst so reich
und vor deinen göttlichen Augen so groß:

wenn du es nicht wüßtest, Herr, so könnten es dir alle Sandkörner, alle
Wassertropfen, alles Gras und Laub, Stein und Holz, alle toten Kreaturen,
dazu alle lebenden Kreaturen, Fische, Vögel, Tiere, Würmer, Fliegendes und
Kriechendes, Teufel, Heiden, Juden und alle deine Feinde, darüber hinaus
alle deine Freunde, Menschen, Engel und Heilige, selbst, wenn alle diese
Personen sprechen könnten, wollten und ohne Unterlaß bis an den Jüngsten
Tag riefen, wahrlich, Herr, du weißt es wohl, sie vermöchten dir nicht halb
zu offenbaren die Absicht meiner Sehnsucht und die Not meiner Qualen und
das Jagen meines Herzens und das Emporgerissen-Werden meiner Seele nach
dem Dufte deiner Salben und nach dem ungeschiedenen Anhangen ohne
Unterlaß.«

III,21 (Exzerpt)

So begriffet er den homuetigen allererst
und druket in under sinen zagel und sprichet alsust:
» Ich bin nit so versunken,
ich welle es noch úber dich han.«
Alle die Sodomiten varent im dur sinen hals
und wonent im in sinem buche;
wenn er sinen atten zúhet,
so varent si in sinen buch,
wenn er aber huostet,
so varent si wider us.
Die valschen heligen setzet er in *sinen* schos
und kússet si vil grúwelich und sprichet: » Ir sint min genos.
Ich was ovch mit der schoenen valscheit bezogen,
da na sint ir alle betrogen.«
Den wocherer naget er ane underlas
und verwisset im, das er nie barmherzig wart.
Den rovber berovbet er selber
und bevilhet in denne sinen gesellen,
das si in jagen und schlahen
und keine erbermede úber in haben.
Der diep hanget mit sinen fuessen uf
und ist in der helle ein lúchtevas;
die unseligen sehent doch nit deste bas.
Die hie zesamen sint unkúsche gewesen,
die muessent vor Lutzifer in solicher ahte gebunden ligen;
kumt er aber alleine dar,
so ist der túfel sin gumpan,
Die ungelovbigen meister sitzent vor Lutzifers fuessen,
uf das si iren unreinen got *rehte* ansehen muessen.
Er disputieret ovch mit in,
das si geschant werden muessen.
Den gitigen frisset er,
wan er iemer wolte haben mer.
Als er in denne verslukket hat,
so tuot er in dur sinen zagel varn.
Die morder muessent bluotig vor im stan
und muessent fúrig swertsclege von dem túfel enpfan.
Die hie des grimmen hasses enpflegent,

III,21

Dann ergreift er den Hochmütigen zuerst
und drückt ihn unter seinen Schwanz und spricht:
» Ich bin nicht so tief gesunken,
daß ich dich nicht noch unterkriegte.«
Alle Sodomiten fahren ihm durch seinen Hals
und wohnen in seinem Bauch.
Wenn er den Atem einzieht,
fahren sie in seinen Bauch.
Wenn er aber hustet,
fahren sie wieder heraus.
Die falschen Heiligen setzt er auf seinen Schoß
und küßt sie ganz schauderhaft und spricht: » Ihr seid mir Genoß.
Ich war auch mit schöner Falschheit überzogen,
davon seid ihr alle betrogen.«
Den Wucherer benagt er immerdar
und überführt ihn mit einem Pfand, daß er nie barmherzig war.
Den Räuber beraubt er selber
und befiehlt ihn dann seinen Gesellen,
daß sie ihn jagen und schlagen
und kein Erbarmen mit ihm haben.
Der Dieb wird an seinen Füßen aufgehängt,
daß der Hölle eine Leuchte brennt,
Die Unseligen sehen darob doch nicht besser.
Die hier zusammen Unkeuschheit trieben,
müssen von Luzifer derart gebunden liegen.
Kommt aber einer alleine an,
dann ist der Teufel sein Kumpan.
Die ungläubigen Lehrer sitzen zu Luzifers Füßen,
auf daß sie ihren unreinen Gott immer ansehen müssen.
Sie halten mit ihm eine Disputation
und tragen Schimpf und Schande davon.
Den Geizhals frißt er,
denn er gierte nach immer mehr.
Hat er ihn dann hinuntergeschluckt,
wird er unter dem Schwanz herausgedruckt.
Die Mörder werden blutig vor ihm sein
und stecken feurige Schwerthiebe vom Teufel ein.
Die hier des schrecklichen Hasses pflogen,

die muessent da sin *desemvas wesen*
und hangent iemer vor siner nasen.
Die hie den uberatz und den ubertrank
so flisseklich begant,
die muessent mit ewigen hunger vor Lutzifer stan
und essent gluejendige steine,
ir trank ist swebel und bech.
Da wirt alles sur wider *suesse* geben;
wir sehen wes wir hie pflegen.

Texte zum Bild der Braut

I,46 (Exzerpt)

Von der manigvaltigen zierde der brúte und wie si kumt zuo irem brútegoume und wielich ir gesinde ist. Das ist núnvalt.

Die Brut ist » gekleidet mit der sunnen und hat den manen under die fuesse getreten« und si ist gekroenet mit der einunge. Si hat ein cappellan, das ist die vorhte. Der hat eine guldine ruote in der hant, das ist die wisheit. Der cappellan ist gekleidet mit des lambes bluot und ist mit der ere gekroenet und dú wisheit ist gekleidet mit der wolsamikeit und ist gekroenet mit der ewekeit. Die brut hat vier jungfrovwen. Die *eine ist* minne, *die* leittet die brut; *die* ist gekleidet mit der kúscheheit und ist gekroenet mit der wirdekeit. Die ander ist demuetekeit, die haltet die brut; die ist gekleidet mit der unahtberkeit und ist gekroenet mit der hoehi. Die dritte juncfrovwe *ist* rúwe; dú ist gekleidet mit den wintrúbelin und ist gekroenet mit der vroede. Die vierde juncfrovwe ist erbarmherzekeit; die ist gekleidet mit der salbe únd ist gekroenet mit der wunne. Dú zwoei tragent der brut den mantel uf, das ist das helige gerúhte.

Si hat einen bischof, das ist der gelovbe, der bringet die brut fúr den brútegovme. Der Bischof ist gekleidet mit túrem gesteine und ist gecroenet mit dem heligen geiste. Der bischof hat zwene ritter. Der eine ist die starchekeit, *der* ist gekleidet mit dem stritte und ist gekroenet mit dem sige. Der ander ist kuonheit, der ist gekleidet mit genendekeit und gekroenet mit aller selekeit. Sie hat einen kamerer das ist die huote, der ist gekleidet mit stetekeit und ist gekroenet mit bestanduge. Er treit das lieht vor der brúte und treit ir das tepet nach. Das lieht ist vernúnftekeit, die ist gekleidet mit der bescheidenheit und ist gekroenet mit miltekeit.

werden dort zu seinem Riechfaß erhoben
und hängen immer vor seiner Nase.
Die maßlos mit Essen und Trinken die Zeit vertreiben
werden ewig im Hunger vor Luzifer bleiben
und essen glühende Steine,
und trinken Schwefel und Pech.
Dort wird Bitternis für Süße gegeben,
wir sehen dort, was wir hier tun im Leben.

Texte zum Bild der Braut

I,46

Von der vielfaltigen Zierde der Braut. Wie sie zum Bräutigam kommt
und wie sich ihr Gefolge zusammensetzt, das neunfältig ist.

Die Braut ist » gekleidet mit der Sonne und hat den Mond unter die Füße
getreten« und sie ist gekrönt mit der Einigung. Sie hat einen Kaplan, das
ist die Furcht. Er hat eine goldene Rute in der Hand, das ist die Weisheit.
Der Kaplan ist gekleidet mit dem Blut des Lammes und ist mit der Ehre
gekrönt. Und die Weisheit ist gekleidet mit dem Wohlgefallen und gekrönt
mit der Ewigkeit.

Die Braut hat vier Jungfrauen: die eine ist die Minne, die leitet die Braut;
sie ist gekleidet mit der Keuschheit und gekrönt mit der Würde. Die zweite
(Jungfrau) ist die Demut, diese hält die Braut; sie ist gekleidet mit Nied-
rigkeit und gekrönt mit der Erhöhung. Die dritte Jungfrau ist die Reue;
sie ist gekleidet mit kleinen Weintrauben und gekrönt mit der Freude. Die
vierte Jungfrau ist die Barmherzigkeit; sie ist gekleidet mit der Salbe und
ist gekrönt mit der Wonne. Diese zwei letzten tragen der Braut den Mantel,
das ist ihr heiliger Ruf.

Sie hat einen Bischof, das ist der Glaube. Er führt die Braut zum Bräutigam. Der Bischof ist gekleidet mit kostbaren Steinen und ist gekrönt mit
dem Heiligen Geiste. Der Bischof hat zwei Ritter. Der eine ist die Stärke; er
ist gekleidet mit dem Streit und ist gekrönt mit dem Siege. Der andere ist
die Kühnheit; er ist gekleidet mit Wagemut und gekrönt mit aller Seligkeit.
Sie hat eine Kammer-Dienerin, das ist die Wachsamkeit. Sie ist gekleidet
mit Stetigkeit und ist gekrönt mit Beharren. Sie trägt das Licht vor der
Braut und hält ihr die Schleppe. Das Licht ist die Vernunft.

Das tepet ist die helige conscientie, die ist gekleidet mit guotem willem und ist gekroenet mit gottes behagunge.

Sie hat einen schenken, das ist die begerunge, der ist gekleidet mit girikeit und ist gekroenet mit vride. Si hat einen spilman, das ist die minnesamkeit, sin harpfe das ist innikeit. Der ist gekleidet mit dem gunste und ist gekroenet mit der helfe.

II,9

Got lobet sin brut an fúnf dingen

Du bist ein lieht der welte,
Du bist ein kron der megde,
Du bist ein salbe der verserten,
Du bist ein trúwe der valschen,
Du bist ein brut der heligen drivaltekeit.

II,10

Dú brut widerlobet got an fúnf dingen

Du bist ein » lieht in allen liehten«,
Du bist ein bluome ob allen cronen,
Du bist ein salbe ob allen seren,
Du bist ein unwandelbarer trúwe sunder valscheit,
Du bist ein wirt in allen herbergen.

II,22 (Exzerpt)

Die beschowunge zuo der sele: » Vrovwe sele, ir hant das wol gesehen, das die engel einvaltige personen sint und das got nit me lobent und bekenent denne in an ist geborn, und des mag sich der niderste mensche alsust erholen mit cristanen gelovben, mit rúwe, mit gerunge und mit guotem willen; mere sin sele mag in der gotheit so sere nút brennen.«

Sie ist gekleidet mit der Einsicht und dem Urteilsvermögen und gekrönt mit Güte. Die Schleppe ist das heilige Gewissen; dies ist gekleidet mit gutem Willen und gekrönt mit Gottes Wohlgefallen.

Sie hat einen Schenken. Dieser ist das Verlangen und ist gekleidet mit Begierde und gekrönt mit Frieden. Sie hat einen Spielmann. Er ist die Liebenswürdigkeit. Seine Harfe ist die Innigkeit. Er ist gekleidet mit der Gnade und ist gekrönt mit der Hilfe.

II,9

Gott preist seine Braut an fünf Dingen

Du bist ein Licht der Welt,
Du bist eine Krone der Jungfrauen,
Du bist eine Salbe für die Versehrten,
Du bist ein Treuerweis gegenüber den Falschen,
Du bist eine Braut der heiligen Dreifaltigkeit.

II,10

Die Braut preist Gott ebenso an fünf Dingen

Du bist ein »Licht über allen Lichtern«,
Du bist eine Blume über allen Kronen,
Du bist eine Salbe für alle Schmerzen.
Du bist eine unwandelbare Treue ohne Falschheit,
Du bist ein Herr in allen Wohnungen.

II,22

Die Beschauung zu der Seele: » Frau Seele, ihr habt das wohl gesehen, daß die Engel einfache Personen sind und daß sie Gott nicht mehr loben, lieben und erkennen, als ihnen angeboren ist. Und das kann der geringste Mensch durch christlichen Glauben, durch Reue, durch Sehnsucht und durch guten Willen einholen, nur kann seine Seele in der Gottheit nicht so stark brennen.«

Dú sele zuo der beschowunge: » Vrov beschowunge, ir hant das wol gesehen, das die engel von Seraphin gotes kinder und doch sine knehte sint. Dú minste sele ist *ein* tohter des vatters und ein swester des sunes und *ein* vrúndinne des heligen geistes und werliche ein brut der heligen drivaltekeit.

Swenne das spil überein get,
so sehe man denne, weles allermeist wege,
den werdesten engel Jhesum Christum,
der da swebet oben Seraphin,
der mit sinem vatter ein ungeteilt got muos sin,
den nim ich minstú sele in den arm min
und isse in und trinke in
und tuon mit im, swas ich will.
Das mag den engeln niemer geschehen,
wie hohe er wonet ob mir,
sin gotheit wirt mir niemer so túre,
ich muesse ir ane underlas allú gelide *volbewinden*;
so mag ich niemer mere erkuolen.
Was wirret mir denne, was die engel bevinden?«

III,3 (Exzerpt)

» Frowe brut, ir sprechent in der minne buoch úweren lieben zuo, das er von úch vliehe. Berichtet mich notliche, frowe, wie ist úch denne geschehen; wan ich wil lieber sterben, moehte es mir geschehen in der luteren minne, denne ich got in der vinsteren wisheit heisse von mir gan. Wenne ich mit minem lieben muos notlichen spilen, so darf mich dú wisheit enkein underscheit leren. Swenne ich aber arbeite an anderen dingen mit minem fúnf sinnen, so nim ich vil gerne, das si mir die helige masse bringe.«

» Hoer mich, liep gespile! Ich was vroeliche wantrunken in der minne, darumbe sprach ich zartlich von sinnen. Swenne ich aber wurde übertrunken, so mag ich mines *libes* nit gedenken, wan dú minne gebútet mir; was si wil, das muos sin, und des sich got getrost, des genende ich mich; wande nimet er mir den lip, so ist dú sele sin.

Die Seele zu der Beschauung: » Frau Beschauung. Ihr habt das wohl
gesehen, daß die Seraphime Gottes Kinder und doch seine Diener sind. Die
geringste Seele (aber) ist die Tochter des Vaters und Schwester des Sohnes und Freundin des Heiligen Geistes und wahrlich die Braut der Heiligen
Dreifaltigkeit.

Wenn einmal das Spiel sich entscheidet
so sehe man, wie die Waage sich neiget.
Den herrlichsten Engel Jesu Christi,
der ein ungeteilter Gott mit seinem Vater ist
und der da schwebt hoch über den Seraphim,
nehme ich in den Arm, wie gering ich auch bin.
Und esse und trinke ihn und tue mit ihm, was ich will.
Das kann den Engeln nie geschehen
wie hoch sie auch über mir stehen.
Und seine Gottheit wird mir nie so fremd,
daß ich sie nicht immer und ungehemmt
mit all meinen Gliedern umarme
und deshalb nie erkühle.
Was kümmerts mich denn, was die Engel fühlen?«

III,3

» Frau Braut, ihr sprecht im Buche des Hohenliedes eurem Geliebten zu,
daß er von euch fliehe. Erklärt es mir schnell, Herrin, was bewegte euch
dazu? Denn ich möchte lieber in der reinen Liebe sterben, wenn es mir
geschehen könnte, als daß ich Gott in der verfinsterten Weisheit befehlen
würde, von mir zu gehen. Wann immer ich mit meinem Lieben innig spielen
kann, braucht mich die Weisheit kein Scheiden zu lehren. Wenn ich mich
aber mit meinen fünf Sinnen um andere Dinge abmühe, dann begrüße ich
es mit Freuden, daß sie mir ein heiliges Maß zeige.«

» Hör mich, liebe Gespielin! Ich war selig halbtrunken vor Liebe. Darum
sprach ich zärtlich nach dem Vermögen der Sinne. Wenn ich aber übertrunken wurde, dann kann ich an meinen Leib nicht denken; denn die Liebe
gebietet mir, und was sie will, das muß geschehen, und worauf Gott seine
Hoffnung setzt, das wage ich. Denn nimt er mir den Leib, gehört die Seele
ihm.

Wilt du mit mir in die winzellen gan, so muost du grosse koste han. Hastu tusent marche wert, das hastu *in* einer stunde verzert.

Wiltu den win ungemenget trinken, so verzerestu *iemer* me denne du hast, so mag dir der wirt nit volle schenken; so wirst du arm und nakent und von allen den versmehet, die lieber sich vroewent in dem pfuole denne si iren schatz in der hohen winzelle vertuon.

Du muost ovch das liden, das dich die jene niden,
die mit dir in die winzellen gant.
O wie sere si dich etteswenne versmahent,
wan si so grosse koste nit getoerrent bestan!
Si wellent das wasser zuo dem wine gemenget han.«

» Liebú vro brut, in der taverne wil ich gerne
verzeren alles, das ich han,
und lasse mich dur die kolen der minne ziehen
und mit den brenden der smacheit sclahen,
uf das ich vil dike in die seligen winzelle muesse gan.
Hie wil ich gerne zuo kiesen,
wan ich mag an der minne nit verlieren.

Darumbe der mich piniget und versmehet, der schenket mir des wirtes win, den er selbe getrunken hat.

Von dem wine *wirde* ich also trunken,
das ich allen creaturen werlich wirde untertan,
das mich des dunket na miner mensclichen *unedelkeit*
und na miner angenommen bosheit,
das niemer mensche hat so úbel wider mich getan
das er deheine súnde moege an mir unseligen began.

Har umbe mag ich min leit an minen vienden nit *wreken*, iedoch so weis ich das wol, si moegent gotes gebot an mir ovch *nit* zerbrechen.«

» Liebú gespiele, wenne das geschiht, das man die winzelle *sclússet*, so muostu in der strasse gan hungerig, arm, nakent und also versmehet, das du aller spise cristanliches lebens an dir nit me hast wan den gelovben. Mahtu denne minne, so verdirbestu niemer.«

Willst du mit mir in die Weinkammer gehn,
kann dies nur mit hohem Preis geschehen.
Hats du tausend Länder Wert,
die sind in einer Stunde verzehrt.

Willst du den Wein unvermischt trinken, dann verzehrst du immer mehr,
als du hast. Daher kann dir der Wirt nicht voll einschenken. Du wirst dabei
arm, bloß und von all denen verachtet, die sich lieber im Pfuhle erfreuen,
als daß sie ihren Schatz in der hohen Weinzelle vertun.

Du mußt auch das erleiden, daß die dich beneiden,
die mit dir in die Weinzelle gehen.
O, wie sehr sie dich oft verschmähen,
weil sie so hohen Preis nicht erstehen.
Sie wollen den Wein mit Wasser vermengen.«

» Liebe Frau Braut, in der Taverne will ich gerne alles verzehren, was
ich habe. Ich lasse mich durch die (Glut-)Kohlen der Liebe ziehen
und mit den Bränden der Schmähung schlagen,
um oft zur seligen Weinzelle Zugang zu haben.
Dies will ich mit Freuden wählen
an Liebe wird mir dann nichts fehlen.

Darum, wer mich peiniget und schmäht schenkt mir des Wirtes Wein,
den dieser selbst getrunken hat.

Von dem Wein werd ich so trunken,
daß ich mich allen Kreaturen beuge.
Es dünkt mich dann ob meiner menschlichen Nichtigkeit,
und meiner selbstverschuldeten Schlechtigkeit,
daß nie ein Mensch sich so übel an mir vergeht,
daß er irgend eine Schuld an mir Unseligen begeht.
Darum kann ich mein Leid an meinen Feinden nicht rächen.
Doch weiß ich wohl,
sie können Gottes Gebot auch an mir nicht zerbrechen.«

» Liebe Gespielin, wenn das geschieht, daß man die Weinkammer schließt,
dann mußt du auf die Straße hinaus, hungrig, arm, nackend und so verachtet, daß du von der Speise des christlichen Lebens nicht mehr behältst als nur
den Glauben. Kannst du dann (noch) minnen, dann verdirbst du nimmer. «

» Vro brut, ich habe nach dem himelschen vatter einen hunger,
da inne vergisse ich alles kumbers,
und ich han nach sinem sun einen turst,
der benimet mir allen irdenschen lust,
und ich han von ir beider geiste ein solich not,
die gat boven des vatters wisheit,
die ich *nit* begriffen mag,
und úber des sunes arbeit
denne ich erliden mag,
und úber des heligen geistes trost
denne mir geschehen mag.«
Swer mit dirre not wirt bevangen, der muos iemer ungeloest in gottes selekeit hangen.

III,9 (Exzerpt)

Der vatter was gezieret an im selben in menlichem gemuete der almehti-
keit und der sun was glich dem vatter an unzellicher wisheit und der helig
geist in beden glich an voller miltekeit. Do spilte der helig geist dem vatter
ein spil mit grosser miltekeit und schluog uf die heligen drivaltekeit und
sprach im zuo: » Herre, lieber vatter, ich wil dir usser dir selber einen mil-
ten rat geben und welle nit langer alsust unberhaftig wesen. Wir wellen han
ein geschaffen rich und solt die engel *bilden* nach mir, das si ein geist sint
mit mir und das ander sol der mensch sin wand lieber vatter, das heisset
vroede alleine, das man si in grosser meine und in unzellicher wunne vor
dinen ovgen gemeine.«...

Do sprach der ewig sun mit grosser zuht: » Lieber vatter, min nature
sol ovch *bringen* fruht; nu wir wunders wellen beginnen, so bilden wir den
mensch na mir; alleine ich grosses jamers vorsihe, ich muos doch den mensch
eweklich minnen.«

Do sprach der vatter: » Sun, mich rueret ovch ein kreftig lust in miner
goetlichen brust und ich *donen* al von minnen. Wir wellen fruhtber werden uf
das man úns wider minne und das man *únser* grossen ere ein wenig erkenne.
Ich wil mir selben machen ein brut, dú sol mich *gruessen* mit irem munde
und mit irem ansehen verwunden, denne erste gat es an ein minnen. «

» Frau Braut, ich habe nach dem himmlischen Vater einen Hunger,
in ihm vergesse ich allen Kummer.
Und ich habe nach seinem Sohn einen Durst,
der benimmt mir alle irdische Lust.
Und ich hab von ihr beider Geist so viel Liebesnot,
die geht über des Vaters Weisheit,
die ich nicht begreifen kann
und über des Sohnes Leid,
das ich nicht ertragen kann,
und über des Heiligen Geistes Trost,
der mir nicht geschehen kann.«
Wer sich dieser Not verfängt,
bleibt immer ungelöst selig in Gott versenkt.

III,9

Der Vater war geziert in sich selbst mit dem gewaltigen Geist der Allmäch-
tigkeit, und der Sohn war dem Vater gleich in unendlicher Weisheit, und
der Heilige Geist war beiden gleich in voller Freigebigkeit. Da spielte der
Heilige Geist dem Vater ein Spiel in seligem Überschwang und schlug auf
die (Harfe der) Heiligen Dreifaltigkeit und sang.

» Herr, lieber Vater, ich will mir aus dir selbst einen gütigen Rat geben:
Wir wollen nicht länger so unfruchtbar leben. Wir wollen ein erschaffenes
Reich und bilde die Engel mir gleich, daß sie ein Geist seien mit mir. Der
Mensch soll das andere sein, denn, lieber Vater, Freude heißt das allein,
daß man lebe in liebendem Verein und zusammen in unsäglicher Wonne vor
deinem Angesichte.« ...

Da sprach der ewige Sohn in großer Zartheit: » Lieber Vater, auch meine
Natur soll Frucht bringen. Wenn wir Wunderbares beginnen, dann bilden
wir den Menschen nach mir; wenngleich ich großen Jammer voraus sehe, ich
werde den Menschen doch ewiglich minnen.«

Da sprach der Vater: » Sohn, mich bewegt auch gewaltige Lust in meiner
göttlichen Brust, und ich bin ganz und gar von Minne erfüllt. Wir wollen
fruchtbar werden, auf daß man uns wiederminne und unsre große Herrlichkeit ein wenig erkenne. Ich will mir selbst eine Braut erschaffen. Die soll
mich mit ihrem Munde und mit ihrem Ansehen verwunden, dann erst geht
es recht an ein Minnen.«

Do sprach der helig geist zuo dem vatter: » Ja lieber vatter, die brut wil ich dir ze bette bringen.«

Do sprach der sun: » Vatter, *du* weist es wol. ich sol noch sterben von minnen; jedoch wellen wir diser dingen in grosser helikeit vroelichen beginnen.«

Do neigte sich dú helige drivaltekeit nach der schoepfunge aller dingen mahte úns lip und sele in unzellicher minne. ...

Mer do si die ungemenge spise, dú nit fuogte irem reinen libe,
hatten gessen, do wurden si der vergift so vol gemessen,
das si verluren der engele reinekeit
und vergassen ir megtliche kúschekeit.

Do schrei dú sele in grosser vinsternisse manig jar nach irem liebe mit ellender stimme und rief:

» O herre liep, war ist komen din úbersuessú minne? Wie sere hastu verkebset din elich kúnegine!
Dis ist der propheten sin.
O grosser herre, wie maht du erliden dise lange not,
das du nicht toetest únsern tot. Jo willtu doch geboren werden;
mer herre, allú dinú getat ist doch vollekomen,
also ist ovch din zorn.«

Do huop sich ein hoher rat in der heligen drivaltekeit.
Do sprach der ewige vatter: » Mich rúwet min arbeit,
wan ich hatte miner heligen drivaltekeit ein also lobelich brut gegeben,
das die hoesten engel ir dienstman solten wesen.
Ja were ovch Lucifer an sinen eren bliben,
si soelte sin goetinne sin gewesen,
wan ir was das brutbette alleine gegeben;
do wolte si mir nit lange glich wesen.
Nu ist si verschaffen und grúlich gestalt,
wer solte den unvlat in sich nemen?«...

Da sprach der Heilige Geist zum Vater: » Ja, lieber Vater, die Braut
werde ich dir zu Bette bringen.«

Da sprach der Sohn: » Du weißt es wohl, ich werde noch sterben aus
Minne. Doch wollen wir alles in großer Heiligkeit in Freuden beginnen.«

Da neigte sich die Heilige Dreifaltigkeit zur Schöpfung aller Dinge und
schuf uns, Leib und Seele, in unausprechlicher Liebe....
Doch als sie die unrechte Speise gegessen,
die ihrem reinen Leibe nicht angemessen,
würde ihnen des Giftes so reichlich zugemessen,
daß sie die Reinheit der Engel verloren,
und die jungfräuliche Keuschheit vergaßen.

Da schrie die Seele in großer Finsternis jahrelang nach ihrem Lieb mit
jammervoller Stimme und rief:

» O lieber Herr, wo ist deine übersüße Minne?
Wie sehr verwarfst du deine ehliche Königin!
So ist es nach der Propheten Sinn.
O großer Herr, wie kannst du ertragen diese lange Not,
ohne zu töten unseren Tod?
Oh, möchtest du doch geboren werden?
Aber, Herr, deine ganze Schöpfung ist stets vollkommen,
und so ist es auch dein Zorn.«

Da erhob sich abermals ein hoher Rat in der Heiligsten Dreifaltigkeit.
Und der ewige Vater sprach: » Meine Schöpfung ist mir leid, denn ich gab
meiner Heiligsten Dreifaltigkeit eine überaus herrliche Braut zu eigen, ihr
sollten die höchsten Engel als Diener sich neigen.
Ja, hätte Luzifer seinen Ruhm behalten,
sie würde über ihn als Göttin walten.
Denn ihr ganz allein war das Brautbett bereitet.
Aber sie wollte mir nicht länger gleichen.
Nun ist sie verdorben und zum Grausen verkommen.
Wer hätte diesen Unflat an sich genommen?«...

Do sprach der helig geist zuo dem vatter: » O almehtiger got, wir wellen
ein schoene procession haben und wellen mit grossen eren wandeln unvermischet von diser hoehi hin nider. Ich bin doch Marien kamerer vor gewesen.«

V,27 (Exzerpt)

» Die unbevleketú brut, die du mir bringest,
die sol din und min iemer me ungescheiden sin.
Min gotheit ist din crone,
din moenscheit ist min suone,
únser beder geist das ist ein wille,
ein rat, ein craft an allen dingen
ane *ende* und ane beginne;
din sele ist únser drier persone allernehstú brut.«

Texte zur Musikmetaphorik

I,44 (Exzerpt)

» Ich hoere ein stimme,
die lutet ein teil von *minne*.
Ich han si gefriet manigen tag,
das mir die stimme nie geschah.
Nu bin ich beweget,
ich muos ir engegen!
Sú ist die jene, die kumber und minne miteinander treit.«

Des morgens in dem suessen tovwe, das ist die beschlossen innekeit,
die erst in die sele gat, so sprechent ir kamerere, das sint die fúnf sinne:

» Vrovwe, ir soellent úch kleiden.«
» Liebe, wa sol ich hin?«
» Wir han das runen wol vernomen,
der fúrste wil úch *engegen* komen
in dem tovwe und in dem schoenen vogelsange.
Eya vrovwe, nu sument nút lange!«...

Da sprach der Heilige Geist zum Vater: » O allmächtiger Gott, laß uns eine glanzvolle processio halten und laßt uns in großer Herrlichkeit unvermischt von dieser Höhe niedersteigen. Ich bin doch zuvor Mariens Schatzmeister gewesen.«

V,27

» Die unbefleckte Braut, die du mir zuführst,
die wird dein und mein immerdar ungeschieden sein.
Meine Gottheit ist deine Krone,
deine Menschheit ist deine Versöhnung,
unser beider Geist ist ein Wille,
ein Rat, eine Kraft für alle Dinge
ohne Ende und ohne Beginne.
Deine Seele ist die allernächste Braut unser drei Personen.«

Texte zur Musikmetaphorik

I,44

» Ich höre eine Stimme,
die klingt wie von Minne.
Ich warb um sie seit vielen Tagen,
Nie wollte die Stimme mir etwas sagen.
Nun bin ich bewegt,
ich muß ihr entgegen!
Es ist jene, die Kummer und Minne miteiander erträgt«

Des Morgens in süßen Tau - das ist die verhaltene Innigkeit, die zuerst in die Seele dringt -, sprechen ihre Kämmerer, das sind die fünf Sinne:

» Herrin, Ihr sollt Euch ankleiden.«
» Ihr Lieben, wo soll ich hin?«
» Wir haben das Raunen wohl vernommen.
Der Fürst will Euch entgegenkommen
im Tau und im lieblichem Vogelsang.
Eia, Herrin, nun säumet nicht lang!«...

So gat si in den walt der gesellschaft heiliger *lúte*, da singet die aller-
suesseste nahtegale der getemperten einunge mit gotte tages und nahtes und
manig suesse stimme hoert si da von den vogeln der heiligen bekantnússe...

Unde muos der jungeling singen alsus:
» Dur mich in dich und dur dich von mir.«
» Gerne mit dir, noete von dir!«

So sprichet dú jungfrovwe:
» O herre, das ist úbergross,
das dú ist din minnegenos,
dú nit minne an ir selben hat,
si werde e von dir beweget.«...

So sprechent die sinne zuo der sele: » Vrowe wellent ir úch kuelen in den
minnetrehnen sante Maria Magdalenen, da mag úch wol *genuegen*«...

Die sele:

» Swiget, ir herren, ir wissent nit alles, was ich meine!
Lant mich ungehindert sin,
ich wil ein wile trinken den ungemengeten win.«...

II,3 (Exzerpt)

Dú grosse zunge der gotheit hat mir zuo gesprochen manig creftig wort;
dú han ich enpfangen mit wenigen oren miner snoedekeit; und das aller-
groeste lieht hat sich uf getan gegen den ovgen miner sele, da inne han ich
gesehen die unsprechlich ordenunge und bekante die unzellichen ere, das un-
begriflich wunder und das sundertrúten mit unterscheide, die genuegekeit
uf das hoehste und die grossen zuht in der bekantnisse, die gebruchunge
mit abebrechunge nach der maht der sinnen, die ungemengete froede in der
einunge der gesellschaft und das lebende lip der ewekeit als es nu ist und
iemer wesen sol.

So begibt sie sich in den Wald der Gesellschaft heiliger Leute. Dort singt die süßeste Nachtigall in der wohllautenden Vereinigung mit Gott Tag und Nacht, und viele süße Stimmen hört sie dort von den Vögeln der heiligen Erkenntnis....

Und der Jüngling muß also singen:
» Durch mich in dich, und durch dich von mir.«
» Gerne mit dir, ungern von dir (getrennt).«...

Da spricht die Jungfrau:
» O Herr, das ist unbegreiflich viel,
daß die sei deiner Minne Gespiel,
die nicht Minne in sich selber hegt
sie werde denn von dir bewegt.«...

Da sprechen die Sinne zur Seele: » Herrin, wollt Ihr Euch erkühlen in den Liebestränen von Sankt Maria Magdalenen? Da findet Ihr wohl Genügen. «
...

Die Seele:

» Schweigt ihr Herren! Ihr wißt alle nicht, was ich mein'!
Laßt mich ungehindert sein,
eine Weile will ich trinken von dem unvermischten Wein.«...

II,3

Die große Zunge der Gottheit hat mir zugesprochen manch starkes Wort. Dies vernahm ich mit den armseligen Ohren meiner Nichtigkeit; und das allerstrahlendste Licht hat sich den Augen meiner Seele aufgetan. In ihm sah ich die unaussprechliche Ordnung und erkannte die unsägliche Herrlichkeit und das unfaßliche Wunder und die einzigartige Süße mit ihrer Unterscheidungsgabe, die höchste Sättigung und die größte Ordnung in der Erkenntnis, den Genuß mit Unterbrechung nach dem Vermögen der menschlichen Kräfte, die unvermischte Freude in der Vereinigung der Liebe und das lebendige Leben der Ewigkeit, wie es jetzt ist und immer sein wird.

Da wurden ovch gesehen vier stralen, die schiessent alzmale usser dem
alleredelsten armbrust der heligen drivaltekeit von dem gotlichen throne dur
die nún koere. Da blibet nieman so arm noch so rich, er treffe in minneklich.
Die strale der gotheit schússet si mit einem unbegriffenlichen liehte, di minnende moenscheit gruesset si *mit* bruederlicher geselleschaft, der helig geist
rueret si mit der durchfliessunge der wunderlichen schoeppfunge der ewigen
wunne; der ungeteilt got spiset si mit dem blikke sines heren antlútes und
fúllet si mit dem unlidigen ateme sines vliessenden mundes; und wie sie gant
ane arbeit als die vogele in dem lufte, so si keine vedren ruerent, und wie si
varent swar si wellent mit libe und mit sele und doch in ir satzungen bliben
unvermischet,
und wie dú gotheit clinget,
dú moenscheit singet,
der helig geist die liren des himelriches vingeret,
das alle die seiten muessent clingent,
die da gespannen sint in der minne ...

III,2 (Exzerpt)

Do lobte got die minnende sele loblich, des lustes in suesseklich alsust:

>> Du bist ein lieht vor minen ovgen,
du bist ein lire vor minen oren,
du bist ein stimme miner worten,
du bist ein meinunge miner vromekeit,
du bist ein ere miner wisheit,
du bist ein *lip* in minem lebende,
du bist ein lop in minem wesende!«

II,25 (Exzerpt)

>> Owe, min vil lieber, ich bin heiser in der kelen miner kúscheit;
mere das zuker diner suessen miltekeit
hat min kelen erschellet, das ich nu singen mag alsust:
Herr, din bluot und min ist ein, unbewollen;
din minne und minú ist ein, ungeteilt;
din kleit und min ist ein, unbevleket;
din munt und min ist ein, ungekust.«

Ich sah auch vier Strahlen, die schießen mit einemmale aus der edelsten Armbrust der Heiligen Dreifaltigkeit vom göttlichen Thron durch die neun Chöre. Da verbleibt niemand, ob arm oder reich, den er nicht träfe minnereich. Die Strahlen der Gottheit durchschießen sie mit einem unbegreifflichen Licht, die liebende Menschheit grüßt sie in brüderlicher Freundschaft, der Heilige Geist berührt sie mit seiner fließenden Flut der wundervollen Schöpfung der ewigen Wonne. Der ungeteilte Gott speist sie mit dem Glanze seines hehren Antlitzes und erfüllt sie mit dem seligen Atem seines fließenden Mundes. Und sie gleiten ohne Mühen, wie die Vögel in den Lüften, wenn sie keine Feder rühren. Und wie sie fliegen, wohin sie wollen mit Leib und Seele und doch in ihrer Ordnung voneinander getrennt bleiben.
Und wie die Gottheit klingt
und die Menschheit singt
und der Heilige Geist die Harfen des Himmels spielt,
daß alle Saiten erklingen,
die da gespannt sind in der Minne! ...

III,2

Da rühmte Gott die liebende Seele wohlgefällig; dies erfreue ihn von Herzen also:

» Du bist ein Licht vor meinen Augen,
du bist eine Harfe meinen Ohren,
du bist ein Klang meinen Worten
du bist ein Gedanke meiner Heiligkeit,
du bist ein Ruhm meiner Weisheit,
du bist ein Leben in meiner Lebendigkeit
du bist eine Verherrlichung in meinem Sein!«

II,25

» O weh, mein Liebster, ich bin heiser in der Kehle meiner Keuschheit.
Doch die Süße Deiner innigen Zärtlichkeit
läßt meine Kehle erklingen,
und so vermag ich zu singen:
Herr, dein Blut und meines sind eines, ungetrübt.
Deine Liebe und meine sind eine, ungeteilt.
Dein Kleid und meines sind eines, unbefleckt.
Dein Mund und meiner sind einer, ungeküßt.«

Dis sint dú wort des sanges.
Der minne stimme und der suesse herzeklang *muessen* bliben,
wan das mag kein irdenschú hant geschriben!

V,17

Dis ist ein gruos und ein lob und ein gebet der súnderin

Gegruesset siest du, lebender got,
du bist vor allen dingen min.
Das ist mir ein endelosú vroede,
das ich ane vare mag reden mit dir.
Als mich min viende jagent,
so flúhe ich in den arm din,
da mag ich min leit verklagen,
als du dich neigen *wilt* zuo mir.
Du weist wol, wie du rueren kanst
die seiten in der sele min;
eya, des beginne alzehant,
das du iemer selig muesist sin.
Ich bin ein unedel brut,
jedoch bistu min elich trut;
des wil ich iemer froewen mich.
Gedenke, wie du trúten kanst
die reine sele in dinem schos
und vollebringe es herre an mir alzehant,
alleine ich si din ungenos.
Eya, zúch mich, herre, uf zuo dir,
so wirde ich rein und klar.
Last du mich in mir selber,
so blibe ich in vinsternisse und in sweri.

V,18

Wie got hie zuo antwúrtet
Sus *antwúrte* got:

» Min widergruos ist ein so gros himmelvluot;
solte ich mich in dich na miner maht geben,
du behieltist nit din mensclich leben.

Dies sind die Worte vom Minnesang.
Aber der Minne Worte und der süße Herzklang müssen verschwiegen bleiben,
denn keine Menschenhand kann das beschreiben!

V,17

Dies ist ein Gruß und ein Lobpreis und ein Gebet der Sünderin

Lebendiger Gott, du sollts gegrüßt sein!
Du bist vor allen Dingen mein.
Eine endlose Freude ist es mir:
Ich kann ohne Falsch reden mit dir.
Wenn mich meine Feinde jagen,
fliehe ich in deine Arme zu dir.
Dort kann ich all meine Leiden klagen,
wenn du dich neigen willst zu mir.
Du weißt wohl, wie du rühren kannst
die Saiten meiner Seele.
Eia, dies beginne alsogleich,
zu deiner eigenen Seligkeit!
Ich bin eine unedle Braut,
jedoch du mein rechtmäßiger Traut;
darüber werde ich mich immer freuen.
Gedenke, wie du herzen kannst,
die reine Seele in deinem Schoß.
Vollbring es, Herr, sogleich an mir,
obwohl ich deiner unwert bin!
Eia, Herr, zieh mich hinauf zu dir,
dann werde ich rein und strahlend.
Läßt du mich aber ganz in mir,
dann bleibe ich finster und schwer.

V,18

Wie Gott hierauf antwortet
So antwortet Gott:

» Mein Gegengruß gleicht einer großen Himmelflut.
Wollt ich mich nach meiner Macht dir geben,
du behieltest nicht dein menschliches Leben.

Du siehst wol, ich muos mine maht enthalten
und verbergen mine klarheit,
dur das ich dich deste langer behalte
in der irdenscher jamerkeit,
wante ufgat allú *min* suessekeit
in der hoehi der ewigen widerkeit,
und mine seiten sont dir suesse klingen
nach der *túren* diner langen minne.
Iedoch wil ich vor beginnen
und temperen in diner sele mine himelschen seiten,
uf das du deste langer moegest gebeiten:
wan hohe brúte und edel rittere
die muos man mit túrer koste lange und sere bereiten.«

V,26

Wie got sich lobet und singet

Eya nu hoere, wie dú helige drivaltekeit sich selber lobet mit ir unbeginlicher wisheit und mit ir endelosen gueti und mit ir ewigen warheit und mit ir ganzen ewekeit. Nu hoere die *allersuessosten*, die allerhoesten, die allerwunneklichosten stimme, wie dú helige drivaltekeit in ir selben singet mit einer ganzen stimme, da aller heligen suessen stimmen usgevlossen sint, die ie gesungen wurdent in himmelriche und in ertriche, und noch soellent ewekliche.

Des vatter stimme sprichet ime lobesange: » Ich bin ein usvliessende brunne, den nieman mag *verstoppfen*, aber der *mensche* mag villihte sin herze selber mit eine unnützen gedank verstoppfen, das dú ungeruewige gotheit, dú iemer mere arbeitet ane arbeit, nit in sin sele mag vliessen.«

Der sun singet alsus: » Ich bin ein widerkomende richtuom, den nieman behalten mag, wan alleine dú miltekeit, dú ie gevlos und iemer gevliessen sol von gotte, die kumt alles wider mit sime sune.«

Der helig geist singet dis lob: » Ich bin ein unúberwunden kraft der warheit; das vindet man an dem menschen, der loblich mit gotte bestet, swas in angat. «

Du siehst, ich muß mich meiner Kraft enthalten,
und meinen Glanz verbergen,
um dich desto länger zu behalten
im irdischen Elend und Leid,
bis einst anhebt meine ganze Süße
in der Höhe der ewigen Würde,
und meine Saiten dir süß erklingen,
nach dem hohen Preis deiner verlangenden Minne.
Doch will ich vor dem Beginnen
in deiner Seele meine himmlischen Saiten stimmen,
damit du um so länger ausharren kannst.
Denn hoch erhabene Bräute und edle Ritter
muß man mit teurem Preis lang und sorglich ausstatten.«

V,26

Wie Gott preist und besingt

Eia, nun höre, wie sich die heilige Dreifaltigkeit selber preist in ihrer
endlosen Güte und in ihrer ewigen Wahrheit und in ihrer ganzen Ewigkeit.
Nun höre die allersüßeste, die allerhöchste, die allerwonnevollste Stimme,
wie die Heilige Dreifaltigkeit in sich selbst mit ganzer Stimme singt, aus der
alle heiligen süßen Stimmen geflossen sind, die je im Himmel und auf Erde
sangen und in Ewigkeit noch (singen) werden.

Die Stimme des Vaters spricht im Lobgesang: » Ich bin ein ausfließender
Brunnen, den niemand verstopfen kann. Aber der Mensch kann sehr leicht
sein Herz durch einen unnützen Gedanken verstopfen, so daß die sich immer
und ewig bewegende Gottheit, die stets ohne Anstrengung wirkt, nicht in
seine Seele fließen kann.«

Der Sohn singt: » Ich bin ein (stets) wiederkehrender Reichtum, den niemand behalten kann als allein die Verschwendung, die je geflossen ist und
immer neu von Gott ausfließt (und) ganz wiederkommt in seinem Sohn.«

Der Heilige Geist singt dieses Lob: » Ich bin eine unüberwundene Kraft
der Wahrheit. Man findet sie bei dem Menschen, der ruhmvoll in Gott
ausharrt, was immer ihn anfällt.«

Alsus singet dú ganze drivaltekeit: » Ich bin also stark an miner ungeschiedenheit, das mich geschieden nieman mag noch zerbrechen an miner
ganzen ewekeit.«

VII,36 (Exzerpt)

Die sangmeisterinne das ist die hoffunge,
si ervúllet mit heliger diemuetiger andaht,
das des herzen unmaht
in dem sange vor gotte so schoene clinget,
das got die noten minnet,
die in dem herzen singent.
Der mit ir also singet,
dem sol mit ir gelingen
in der himelschen minne.

Die ganze Dreifaltigkeit singt: » Ich bin so stark in meiner Ungeschiedenheit, daß mich niemand scheiden noch zerbrechen kann in meiner ganzen Ewigkeit.«

VII,36

Sangmeisterin ist die Hoffnung,
sie erfüllt mit demütig heiliger Andacht,
des Herzens Ohnmacht,
die im Sange vor Gott so herrlich klingt,
daß Gott die Noten minnt,
die tief im Herzen singen.
Wer versteht, mit ihr zu singen,
dem wird es auch gelingen
mit ihr in der himmlischen Liebe.

›St. Trudperter Hohes Lied‹

(Exzerpte aus dem Epilog)

145,6-27

(109ᵛ) Nu uerne[m]ent: diz bouch uiench ane mit ainir chunichlicken mandunge. iz endet sich mit aineme allentlichen amere. iz uiench ane mit ainime chunichlichen sange. Nu get ez uz mit inniklicheme wainenne. iz uiench ane mit ainime g[o]tlichen chosse. nu scaident siu sich mit ainer durnahtiger minne. wan iz ist ain lere der minnichlichen gotes erkennusse. An disime bouche sulin die prute des almahtigen gotis ir spiegel haben unde sulin bisihticliche ware tuon ir selbir antlutes unde ir nahisten, wie siu geuallen ir gemahelen, want er siu zalle[n] ziten scowet mit holden ougon, dc ist so dc flaisk chuolen beginnet unde der gaist warmen beginnet. dc chit: so an dir chuolet diu uppige minne unde so an dir haizet diu minne des ewigen libes. so an dir chuolet diu hitze des zornes, so inbrinnet an dir diu minne des nahesten. so chuolet an dir diu hitze der unchuske. so haizzet allir erist diu minne des g[o]tes gaistes hine ze deme rehten charle. dc ist din scephare (110ʳ) din irlosare din minnare.....

147, 25-148,6.

an disime brieue soltu erchennen (111ᵛ) die gemahelen des almahtigen gotes ainwedir dc si diz haben, odir si mit flize dar nach werbe[n]. swer iz ernistliche wirbe[t], nehat er ouch niht uile dir[r]e tugende, er haizzet ie doch uon sineme guoten willen unde uon sineme erneste ain brut des almahtigen gotes. nehat er flizzes nieht unde hat er den willen ze gewinnenne die werdent gehaizen adolescentule. nehat er den willen noch den ernestlichen gewerb ze gewinnenne die tugende in disime libe, die nehaizzent weder iuncurowen noch brute, sundir siu haizzent die erbelosen chebese, die doch got etewenne ernert durc die [k]urzen zit der riuwe. AMEN herre.

(Exzerpte aus dem Epilog)

Zum Schluß hört zu: dies Buch begann mit königlicher Freude. Es endet mit elendem Jammer. Es begann mit einem königlichen Gesang. Nun schließt es mit innigen Weinen. Es begann mit einem göttlichen Kuß. Nun trennen sie sich in vollkommener Liebe. Denn es handelt sich um eine Lehre der liebevollen Gotteserkenntnis.

In diesem Buch sollen die Bräute des allmächtigen Gottes ihren Spiegel haben und sollen aufmerksam ihr eigenes Antlitz und das ihrer Nächsten wahrnehmen, wie sie ihrem Gemahl gefallen; denn er sieht sie allezeit mit holden Augen an, nämlich wenn das Fleisch abzukühlen und der Geist sich zu erwärmen beginnt. Das heißt: wenn in dir die weltliche Liebe abkühlt und die Liebe des ewigen Lebens zu brennen beginnt. Wenn in dir die Hitze des Zorns abkühlt, so entbrennt in dir die Liebe zum Nächsten. Wenn in dir die Hitze alles unkeuschen Verhaltens abkühlt, so entbrennt dann erst die auf den göttlichen Geist gerichtete Liebe in Begier nach dem rechten Mann. Das ist dein Schöpfer, dein Erlöser, dein Liebhaber. ...

Durch diesen Brief [1] sollst du die Gemahlinnen des allmächtigen Gottes erkennen: entweder sie haben dies[2], oder sie bemühen sich mit Fleiß darum.

Wer sich ernsthaft bemüht, auch wenn er noch nicht viele dieser Tugenden erlangt hat, so ist er doch aufgrund seines guten Willens und seiner Ernsthaftigkeit als eine Braut des allmächtigen Gottes zu bezeichnen. Diejenigen, die kein Bemühen zeigen, die aber den Willen, die Tugenden zu gewinnen besitzen, werden Heranwachsende gennant. Diejenige, die weder den Willen noch das ernsthafte Bemühen um den Tugendgewinn in diesem Leben aufbringen, die tragen weder den Namen ›Jungfrau‹ noch ›Braut ‹, sondern sie heißen Ehebrecherinnen ohne Erbe, die Gott aber zuweilen rettet aufgrund einer kurzen Zeit der Reue. Amen, Herr.

---

1 »Brief« ist analog zu »buoch« in 145,6 zu verstehen.

2 Gemeint sind alle geistlichen Tugenden, die Wirkungen der sieben Gaben des Heiligen Geistes darstellen.

⟩ Speculum Virginum ⟨
Mittelniederländische Fassung

⟩Der Maegden Spieghel⟨
Exzerpte aus Darmstadt, Cod. 466

3. Buch f. 464r

Hore dochter ende sich end neige dyn oren ende vergete dyn volc end dyns vaders huus. Die coninc sel dyn schoenheit gegeren. Hore O dochter der hilger kerken, de den enen manne Iesu Christo als een reyne maget geluoet ende toe geschicket biste. Hore dinen brudegom die di totten hemelschen mede gauen roept. Ende sich an dat loen dat hi vertoeget ende volge dinen voerganger. Hore syn godlike ewe mit andacht ende mercse. ende sich, dattu synre ewen miet van node of bi bedwange. mer mit vrien willen ende mit mynnen gehoersamlich biste. Hore wat de brudegum gebiedet. Besich wat hi beloubet op dattu also geleit moegeste werden totten geboden daer du de belofde mede vercrigeste. Want Christus begeert oren te horen hi begert ogen te sien. Dat is dat men van binnen begripe dat dat geluut van büten bedudet op dattet vruchten van binnen brenge. datter van buten mitten ogen gescouwet wort. Hoer dochter sich myn enige merke bruyt mym duue myn suster ende myn vriendinne. Hoer dochter. Wies dochter. Wiltü dat weten. Des conincs alre conigen dochter. Des sceppers alre creaturen dochter. Des onsterfliken brudegoms bruut ende in sonderlinger wtnemender minen enich. In der simpelheit een duue. In der reynicheit schoen. Een suster Christi beide in genaden ende in naturen. Ende also in sonderlinger gracien een vriendinne.

3. Buch, f. 465v

Want so wanneer een maget Christi der houerdiger werelt vermetelheit beghinnet te schuwen soe beginnet sy den hemelschen coninc te behagen, de in synre maget merket, dat hi geschapen heuet. Ende wat is de schoenheit deser maget de also sulc ende also groet is dat si de coninc begeert te sien de een scepper is des hemels ende der eerden. Ende wat is dese suuerlicheit, di god in di begeert teuinden. Wilstu dat weten. Het is een suuerlike ordinacie des leuens. Het ist een gedaente eens stichtigen voertganges. het is een licht der verstandelheit. het is een genade der hemelscher leringe, het ist een versmadinge der werelt. Het is de minnen godes ende al dat des gelyc is. daer men de doechde mode begeren mach of de ondoechde haten.

>Der Maegden Spieghel‹
Exerpte aus Darmstadt, Cod. 466

Höre, Tochter, und sieh und neige deine Ohren und vergiß dein Volk und deines Vaters Haus. Der König wird deine Schönheit begehren. Höre, Tochter der heiligen Kirche, die du dem einen Manne Jesus Christus als reine Jungfrau anverlobt und bestimmt bist. Höre deinen Bräutigam, der dich zur himmlischen Mitgift ruft. Sieh an den Lohn, den er in Aussicht stellt, und folge dem, der dir vorangeht. Höre auf sein göttliches Gesetz mit Andacht und merke darauf, daß du seinen Geboten nicht genötigt oder gezwungenermaßen, sondern freiwillig gehorchst. Höre darauf, was der Bräutigam gebietet. Schaue auf das, was er verheißt, damit du dadurch auf den Weg seiner Gebote geführt werden mögest, wodurch du das Versprochene erlangst. Denn Christus begehrt Ohren, die hören, er begehrt Augen, die sehen. Das heißt, daß man von innen her begreife, was die Töne von außen bedeuten, damit Früchte von innen aus dem entstehen, was von Außen mit den Augen geschaut wird. Höre Tochter, siehe, meine einzige, sei achtsam, Braut, meine Taube, meine Schwester und meine Freundin. Höre Tochter, wisse es, Tochter, willst du das wissen? Tochter des Königs aller Könige, des Schöpfers aller Kreatur, des unsterblichen Bräutigams Braut und in besonderer, ausnahmsloser Liebe einzigartig. In der Schlichtheit eine Taube, in der Reinheit schön, eine Schwester Christi, von beidem, von Natur und Gnade, und so also aus besonderer Gnade eine Freundin zu nennen.

Denn wenn eine Magd Christi die Vermessenheit der hoffärtigen Welt zu meiden beginnt, so beginnt sie dem himmlischen König zu gefallen, der auf seine Magd achtet, die er geschaffen hat. Und woraus besteht die Schönheit dieser Magd, die so strahlend und so groß ist, daß sie der König zu sehen begehrt, der ein Schöpfer des Himmels und der Erde ist. Und was ist diese Reinheit, die Gott in dir zu finden begehrt? Willst du das wissen? Sie besteht in einer klaren Ordnung des Lebens, sie besteht in der Gestalt eines geistlichen Fortschritts, sie ist ein Licht des Verstandes, sie ist eine Gnade himmlischer Belehrung, sie beinhaltet eine Abkehr von der Welt. Sie ist die Liebe Gottes und alles, was dem gleicht, womit man die Tugenden begehren und die Untugenden hassen kann.

3. Buch, f. 467r

In dien auentmael dar sente iohan op syns liefs meesters borste ruste, Daer wort die verlosinge des menscheliken geslechts in dat broet ende in den wyn, dat is in den waerachtigen licham Christi gehantiert ende volbrocht. Mer in den auentmael der lester verrisenisse ende der heilger glorificieringe. daer sal de bruut Christi. die bi sent iohan oec beteickent is op de borsten haers heren rusten in der rusten der ewigen salicheit. Na dat si ontfanclic is die volcomen godlicheit ende de soeticheit der inwendiger mynnen. Ende dat in den irsten auentmael ouermids den sacrament van ons heren liden gewrocht wort, Dar sal in den anderen auentmael na der verrisenisse alre saliger menschen gewrocht werden. Soe wanneer de heiligen, die geropen ende gecoren syn. dat hoeft totter borsten Christi neygen. Dat is als si tghemoede schicken ende bereit smaken, Dan sollen si eten wtter dieper af-grondicheit godes. ende suken wtter borsten Christi die fonteyne der saliger ewicheit.

3. Buch, f. 468r

Ende dat du wel begonneste dat hebstu veel bet volbrocht, Want du na der droefheit vroude, na der pelgrimaedsen dat vaderlant ende na den stride de victorie belouet hebste. Du here, biste de volle vrede ende een weeldelike sueticheit der dynre de totti geroepen syn. Niemant noch viant noch mensche en machse van dinen loue hinderen. Wat vroude, wat glorie, wat sueticheiden, wat genaden, wat salicheiden solde daer gebreken daer de orspronck alre dingen mit den gesichte des puren herten gescchouwet wort. Daer de radyen des onuergancliken lichtes in dat onwederbugelike oge geuoelt wort, daer dat brodt der engelen dat alle genoechte ende alle smaec der sueticheit in hem seluen besloten heuet des menschen herte starck maect, daer de ryuere dynre weelden ende vollicheit alre genaden in haren orspronc altoes gedroncken wort.

Im Abendmahl, bei dem der heilige Johannes an seines lieben Meisters Brust ruhte, wurde die Erlösung des menschlichen Geschlechts in Brot und Wein, das heißt im wahrhaftigen Leib Christi dargestellt und vollbracht. Aber beim Abendmahl der letzten Auferstehung und der heiligen Verklärung soll die Braut Christi, die durch den heiligen Johannes auch symbolisiert wird, an der Brust ihres Herren ruhen in der Ruhe der ewigen Seligkeit, wodurch sie empfänglich wird für die vollkommene Göttlichkeit und die Süße der inwendigen Liebe. Und was im ersten Abendmahl durch das Sakrament der Leiden unseres Herren gewirkt wurde, das wird durch das zweite Abendmahl nach der Auferstehung allen seligen Menschen zukommen. Wenn die Heiligen, die gerufen und erwählt sind, das Haupt auf die Brust Christi neigen, das heißt: wenn sie das Gemüt herrichten und bereit machen, dann werden sie essen aus der tiefen Abgründigkeit Gottes und aus der Brust Christi die Quelle der ewigen Seligkeit trinken.

Und das, was du in guter Weise begonnen hast, das hast du viel besser vollendet, da du nach der Traurigkeit die Freude, nach der Pilgrimschaft das Vaterland und nach dem Kampf den Sieg verheißen hast. Du, Herr, bist der vollkommene Friede und eine zutiefst mit Freude ausfüllende Süße für die Deinen, die zu dir gerufen sind. Niemand, weder der Feind noch irgendein Mensch, vermag sie von deiner Zusage zu trennen. Welche Freude, welche Erhabenheit, welche Wonnen, welche Gnaden und Seligkeit sollten dort mangeln, wo der Ursprung aller Dinge mit dem Antlitz des reinen Herzens geschaut wird, wo sie Strahlen des unvergänglichen Lichtes von dem bereitwilligen Augen aufgenommen werden, wo das Brot der Engel, das voll zufriedenstellt und jeden Geschmack der Süßigkeit in sich trägt, das Herz des Menschen stärkt, wo aus der Quelle deiner Freuden und der Fülle aller Gnaden jederzeit getrunken wird.

3. Buch, f. 469r

Want niet en isser also te beclagen, als een maget de vallet na dat si
den brudegom Christi getrouwet hadde. Want dat si verloren heuet, dat
en mach sy nummermeer weder vercrigen, mer de maget Christi, hoer ende
verstant dat wort godes, merke den hemelschen trouwelschat der geesteliker
vercieringen, verwondere di van der heymelicheit der afgrondiger eenheit
tüsschen dinen brudegom ende tüsschen di. Behoede de blome der hilger
cuysscheit mit eenre williger versmadinge dins selues. Beware de reynicheit
der maechdeliker bloemen. want verliesestu de, du en salte se nummermeer
weder verhalen. Du mogeste den groten val mit penitencie weder versoenen
mer op den graet der reynicheit daer dü te voeren als een cuusche maget
opstondeste en moechstu nummermeer weder toe clymmen O maget Christi
besich ende merke, mit hoe sulker vliticheit dat men schuldich waer, te be-
waren. dat men mit geenre penitencie na den verliese weder crigen en mach.

10. Buch, f. 612r

Want wat vriende solstu beholden oftu geen sonders weder ontfangen en
wolste ende oftu se alle de van dinen gebode gedwaelt syn mitter sentencien
der boot afuinden wolste wie solde dan mitti totten brulochten des lams in
de weelden des paradys mogen geraken o heo groten vruchte soltstu van den
nyen geplanten wyngaert dynre hilger kerken af gesnoeyt hebben.

Denn es ist nichts so zu beklagen, wie eine Jungfrau, die zu Fall kommt, nachdem sie dem Bräutigam Christus angetraut worden war. Denn was sie verloren hat, das kann sie niemals mehr wieder bekommen, aber die Magd Christi, sie höre und verstehe das Wort Gottes, sie achte auf den himmlischen Brautschatz des geistlichen Schmuckes - staune über die Verborgenheit der abgründigen Einheit zwischen deinem Bräutigam und dir. Bewahre die Blume der heiligen Reinheit mit bereitwilliger Enthaltsamkeit. Bewahre die Reinheit der jungfräulichen Blume. Denn verlierst du diese, dann wirst du sie niemals wieder erhalten. Du kannst den großen Fall mit Reue wiedergutmachen, aber die Stufe der Reinheit, die du zuvor als eine reine Jungfrau innehattest, kannst du nicht wieder erreichen.

O, Magd Christi, siehe und achte darauf, mit welchem Eifer man schuldig ist, das zu bewahren, was man mit keinerlei Reue nach dem Verlust wieder bekommen kann.

Denn wie viele Freunde kannst du behalten, wenn du keinen Sünder wieder bei dir aufnehmen wolltest und wenn du alle die, die von deinem Gebot abgewichen sind, mit der Todesstrafe belegen wolltest? Wer sollte dann mit dir zur Hochzeit des Lamms in die Freunden des Paradies gelangen können? Ach, welch reiche Frucht solltest du von dem neu gepflanzten Weinberg deiner heiligen Kirche abzuschneiden haben!

Sachverzeichnis

Personenverzeichnis

Mystik in Geschichte und Gegenwart

(Stand März 1990)

Die Buchreihe »Mystik in Geschichte und Gegenwart. Texte und Untersuchungen« öffnet sich, nach dem Plan des Verlegers, der Mystik in allen ihren Erscheinungsformen. In ihrer ersten Abteilung »Christliche Mystik«, für die Margot Schmidt und Helmut Riedlinger als Herausgeber zeichnen, hat die Reihe einen ihrer Schwerpunkte.

Abteilung I: Christliche Mystik

Band 1: Rudolf von Biberach: *De septem itineribus aeternitatis.* Nachdruck der Ausgabe von Peltier 1866 mit einer Einleitung in die lateinische Überlieferung und Corrigenda zum Text von Margot Schmidt. 1985. XLVI, 93 Seiten. Leinen.

Band 2: Rudolf von Biberach: *Die siben strassen zu got.* Revidierte hochalemannische Übertragung nach der Handschrift Einsiedeln 278 mit hochdeutscher Übersetzung. Synoptische Ausgabe herausgegeben und eingeleitet von Margot Schmidt. 1985. XXIX, 367 Seiten. 1 Abb. Leinen.

Band 3: Margot Schmidt: *Die Stufen der geistlichen Erfahrung nach Rudolf von Biberach.* Ca. 250 Seiten. Leinen.

Band 4: Margot Schmidt / Dieter R. Bauer (Hrsg.): *» Eine Höhe, über die nichts geht. Spezielle Glaubenserfahrung in der Frauenmystik?«.* 1986. VIII, 248 Seiten. 4 Abb. Leinen.

Band 5: Margot Schmidt (Hrsg.): *Grundfragen christlicher Mystik.* Wissenschaftliche Studientagung *Theologia mystica* in Weingarten, 7.–10. November 1985. Herausgegeben von Margot Schmidt in Zusammenarbeit mit Dieter R. Bauer. 1986. VII, 283 Seiten. 11 Abb. Leinen.

Band 6: Marianne Heimbach: *» Der ungelehrte Mund« als Autorität.* Mystische Erfahrung als Quelle kirchlich-prophetischer Rede im Werk Mechthilds von Magdeburg. 1989. 202 Seiten. Leinen.

Band 7: Dietrich Schmidtke (Hrsg.): *» Minnichlichiu gotes erkennusse«.* Studien zur frühen abendländischen Mystiktradition. Heidelberger Mystiksymposium vom 16. Januar 1989. 1990. II, 153 Seiten. Leinen.

Der Platonismus in der Antike
Grundlagen – System – Entwicklung

Begründet von Heinrich Dörrie †. Fortgeführt von Matthias Baltes unter Mitarbeit von Friedhelm Mann. *1987 ff. 12 Bände zu je ca. 500 Seiten. Leinen.*

Das Werk behandelt den Platonismus von etwa 70 v.–250 n. Chr. Es stellt dieses wichtige Quellengebiet der abendländischen Kultur erstmals als ein großes Ganzes vor. Die Quellentexte sind als »Bausteine« (1–ca. 280) fortlaufend gezählt.

Band 1: Heinrich Dörrie: Die geschichtlichen Wurzeln des Platonismus. Bausteine 1–35: Text, Übersetzung, Kommentar. Aus dem Nachlaß herausgegeben von Annemarie Dörrie. *1987. XVII, 557 Seiten.*

Band 2: Heinrich Dörrie: Der hellenistische Rahmen des kaiserzeitlichen Platonismus. Bausteine 36–72: Text, Übersetzung, Kommentar. Aus dem Nachlaß herausgegeben und bearbeitet von Matthias Baltes unter Mitarbeit von Annemarie Dörrie und Friedhelm Mann. *1990, XVI, 531 Seiten.*

Supplementum Platonicum
Die Texte der indirekten Platon-Überlieferung

In Verbindung mit dem Platon-Archiv, Tübingen, und dem Istituto Italiano per gli Studi Filosofici, Neapel, herausgegeben von Konrad Gaiser.
9 Bände. 1988 ff. Je Band ca. 500 Seiten. Leinen.

Das SUPPLEMENTUM PLATONICUM soll die außerhalb des Corpus Platonicum überlieferten Texte zu Platons Leben und mündlicher Lehre gesammelt vorlegen und durch Übersetzung und Kommentierung erschließen. Die in Betracht kommenden Texte sollen möglichst vollständig erfaßt und bei beliebiger Reihenfolge des Erscheinens folgendermaßen auf neun Bände verteilt werden:
1. K. Gaiser, Philodems Academica – 2. D. Gutas, Arabica: Platons Leben und Sprüche in orientalischer Tradition – 3. K.-H. Stanzel, Dicta: Die unter Platons Namen überlieferten Aussprüche – 4. Epigrammata, Comica, Epistulae – 5. Biographica – 6. Politica – 7. Divisiones: Die »exoterischen« Dihaireseis bei Aristoteles – 8. Agrapha Dogmata: Die Berichte über die Prinzipientheorie – 9. Mathematica

Konrad Gaiser: Philodems Academica. Die Berichte über Platon und die Alte Akademie in zwei herkulanensischen Papyri. *Supplementum Platonicum 1. 1988. 573 Seiten.*